百科图解古代兵器知识

瀚鼎文化工作室　编著

航空工业出版社

北京

内 容 提 要

古代兵器除了近身武器，还包括了投石机、弩炮等大型攻城兵器。在历史长河中，各式各样、各种用途的兵器层出不穷，一次又一次地影响着历史的进程。本书着重介绍了古代中国及同期世界其他国家的各种兵器，希望能让读者对曾经的“大杀器”有一个全新的认识。

图书在版编目（CIP）数据

百科图解古代兵器知识 / 瀚鼎文化工作室编著 .-- 北京：航空工业出版社，2014.1（2021.7重印）
ISBN 978-7-5165-0282-2

Ⅰ . ①百… Ⅱ . ①瀚… Ⅲ . ①武器－世界－古代－图解 Ⅳ . ① E92-64

中国版本图书馆 CIP 数据核字（2013）第 267100 号

百科图解古代兵器知识
Baike Tujie Gudai Bingqi Zhishi

航空工业出版社出版发行
（北京市朝阳区京顺路5号曙光大厦C座四层　100028）
发行部电话:010-85672663　010-85672683

三河市双升印务有限公司印刷　　全国各地新华书店经售
2014 年 1 月第 1 版　　2021 年 7 月第 5 次印刷
开本:710×1000　1/16　　字 数:194 千字
印张:11.5　　定 价:39.80 元

编者的话

早在原始社会，人们就已经开始将石头、木头、骨头等加工成各种工具，这些工具在人们狩猎、捕鱼等过程中发挥了极其重要的作用。

随着生产力的不断发展，私有制、城镇的出现，人们开始为了争夺水、土地等资源相互对抗，战争也就此出现。

为了要提高作战时的战斗力，人们致力于发明各种武器，先后出现了能够远距离攻击敌人的投石带、弓箭等投掷兵器，能够攻击龟缩在城中的敌人的攻城兵器，以及在正面交战中威力极大的战车等。在战场从陆地扩展到海上以后，桨帆船等战船随之应运而生。

本书对从投石带、弹弓等小型兵器到投石机、弩炮等大型兵器进行了细致而全面的介绍，还涉及到动物、障碍物等能够在战场上起到实际作用的其他兵器，涵盖范围十分广泛。此外，还分别介绍了中国和西方古代的兵器，让读者能够在比较中阅读和认识那个时期的兵器。

《百科图解》系列丛书是瀚鼎工作室倾力打造的“明仔玩军事”大家庭的一员，是在搜集国内外大量兵器知识后，整理编写而成的涵盖古今中外的军事知识的科普性图书。内容涉及到舰船、枪械、冷兵器乃至现代军用装备等多种类别，希望令广大读者能全面地认识不同时期不同武器装备对战争甚至是历史进程的作用。

明仔玩军事

●目　录●

目 录

第一章
古代兵器概述

No.001 古代兵器缘何而生

人类进入农耕时代以后，生产力大为发展，不同的部落团体之间开始为争夺土地爆发冲突，在这种冲突当中，兵器应运而生。

因争斗而产生的兵器

原始社会，人们依靠狩猎和采摘为生，为了猎取猎物，刀、斧、枪等随身携带的武器发明了出来。在经过一定的组织和设计之后，人们凭借这些简单的武器甚至能够狩猎大型野兽。

随着生产力的不断进步，人们学会了耕种，粮食的供应逐渐稳定，人口也就逐渐增多起来。在人类聚居的地方开始形成部落、城市，甚至原始国家雏形，不同的团体之间因为土地、水源等资源的纷争也越来越频繁。

争斗日益增多的同时，对武器也更加注重。早在公元前12000年前后的法国遗迹（旧石器时代后期）当中就曾发现投枪器。这种投枪器其实就是在末端制成钩状的大棒，用钩子钩住枪，可以让枪飞得更远。之后投枪器流传至东南亚、北美、澳大利亚等地，是一种划时代的兵器。

进入中石器时代以后，“弓”这种具有革命性意义的兵器产生了。

一般来说，在战争中使用的装备会被称为兵器。而个人携带用于狩猎或者攻击、防御的器具称之为武器。代表性的兵器有战车与投石器，而武器的典型则是剑、枪、斧。

由于兵器的运用，人类的战斗力得到了飞跃性的提升，部落、国家之间的斗争也愈演愈烈。为了赢得战争，人们开始不断对兵器进行改良、研发。

1、大约300万年前，人类开始用抛掷天然的石头打猎，最早使用的兵器产生；
2、大约300万至2万年前，进入旧石器时代，人类开始使用打造石器；
3、大约2万至5千年前，人类进入新石器时代，开始使用磨制的石器；
4、大约5千至3千年前，人类进入青铜时代，才开始有了金属制作的兵器。

兵器诞生的过程图示

进入农耕社会

↓

获得稳定的食物供给 → 形成都市、国家雏形，为争夺土地、水源爆发冲突，大规模纷争增加

人类开始定居，产生聚落 → 形成都市、国家雏形，为争夺土地、水源爆发冲突，大规模纷争增加

↓

兵器产生

武器与兵器的区别

武器与兵器的差异在于使用的目的，同样的剑，如果用于个人纷争就是武器，用于战争就是兵器。

武器

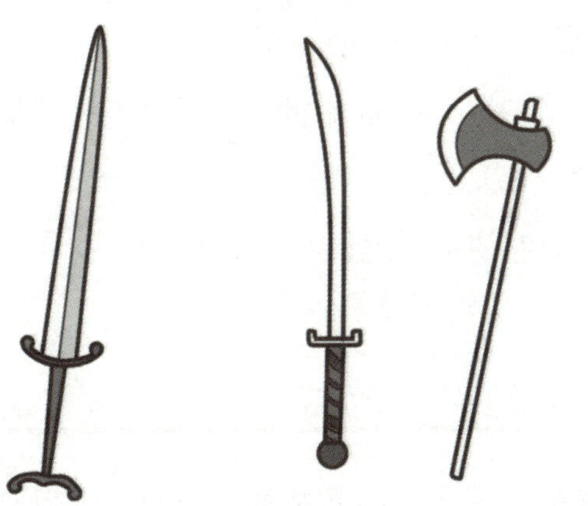

由个人携带，用于狩猎或是个人纷争的工具

兵器

用于战争的装置或设备

No.002 中石器时代的兵器革命

人类历史上共出现了五次“兵器革命”，最早的一次发生在中石器时代，即弓与投石带的发明。

人类历史上的“兵器革命”

在人类历史上，具有“兵器革命”意义的事件共有五次，20世纪军用飞行器和原子弹的发明，11世纪火药的发明，公元前3000年—前2000年之间车轮与战车的产生，而最早一次的兵器革命要追溯到中石器时代弓和投石带的发明。

弓究竟是何时何地由何人种发明的，目前并不能证实，但是在法国和西班牙旧石器时代的遗迹壁画当中并没有出现过，因此它的出现应该是在公元前12000年到前8000年左右的中石器时代。

在此之前，人们就已经利用植物的弹力来制作陷阱，弓就是将这种弹力进行转换以后产生的，最早的箭簇则是用石头磨制而成。弓的出现使得战斗出现了新的方式，不仅大大提高了攻击时射击的能力，还能够在敌人看不到的地方进行攻击，并由此产生了有指挥的集团性射击，即最早的弓兵部队雏形。

弓和同时期出现的投石带最早都是用于狩猎，然而却因为人们的冲突加剧变成了战争的道具。

总而言之，弓与投石带的出现，使人类能够进行有组织、有战术的战斗。

1963年，考古学家在距今约2.8万年前的峙峪（今山西朔县峙峪村）人活动的旧石器晚期遗址中，发现了一些加工比较精细的小石镞。它们是用坚硬而容易劈裂出刃口的薄燧石石片制成的，镞的一端具有锋利的尖头，与尖端相对的底端两侧经过加工，形成镞座，呈凹形，用以安装箭杆。由于原始社会的弓和箭杆是用易于腐烂的竹、木制作的，难以保存下来，这些小石镞便是中国和世界上已知的最早的弓箭实物。

人类历史上的五次兵器革命

中石器时代

1. 弓与投石带的发明

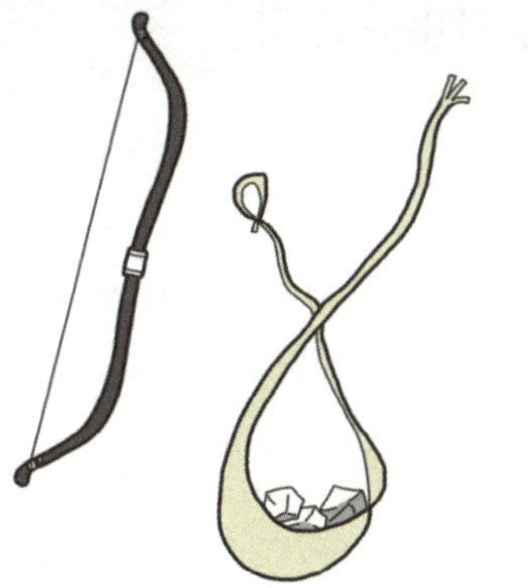

前 30 世纪

2. 车轮与战车的发明

11 世纪

3. 火药的发明

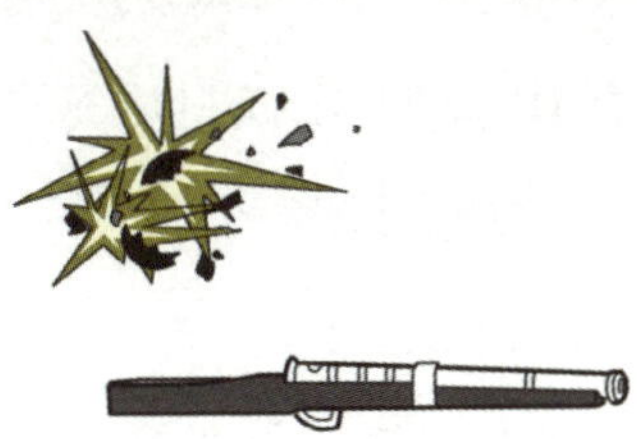

20 世纪

4. 军用飞行器的实用化

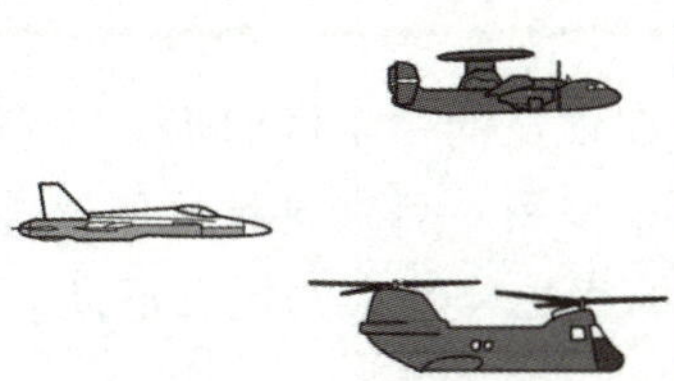

5. 原子弹的发明

No.003 原始的投石带

投石带的出现距今已经超过了一万年以上，最早的投石带只是通过绳装物来获取离心力然后将石头抛射出去即可。

诞生于万年前的兵器

公元前一万年左右的中石器时代，投石带被发明出来，并且很快流传到其他地方。最早的投石带在中间用绳子编制成袋状并装入石头，绳子末端绕成小环套在手指上，抛射的时候握住绳子两端不停旋转，利用离心力将石头抛射出去。

投石带补充弹丸相当方便，只要随身带着投石带，随处捡到石头即可当作弹丸发动攻击，射程甚至比同时期的弓还要远。

进入新石器时代以后，射程远、杀伤力也较强的投石带流传到世界各地，当时的投石带在射程、威力、普及程度上都要比同时期的弓更胜一筹。尤其是新石器时代小亚细亚半岛地区，并没有出现使用弓的迹象，却出土了大量黏土烧制的投石带弹丸，可见投石带在该地区的兵器中占据了一席重要的地位。

投石带在实战中的使用非常广泛，公元 68 年，罗马帝国司令官维斯帕先攻打犹太省的时候曾投入了 350 具投石带，后来其子提图斯在攻打耶路撒冷的时候使用了 700 具投石带。

然而随着军队阵形的日益复杂化，不能在密集阵形中使用的投石带被弓兵和弩兵所取代。

最早装备投石带的国家是古埃及。早在埃及的中王国时期，投石带就已经列为埃及军队的制式装备了，主要供努比亚雇佣军使用。后来这种武器流传到其他国家，在欧洲发扬光大，甚至出现了像伊比利亚投石手这样著名的投石部队。

1
2
3
4
5

投石带的优缺点及使用方法

最初的投石带

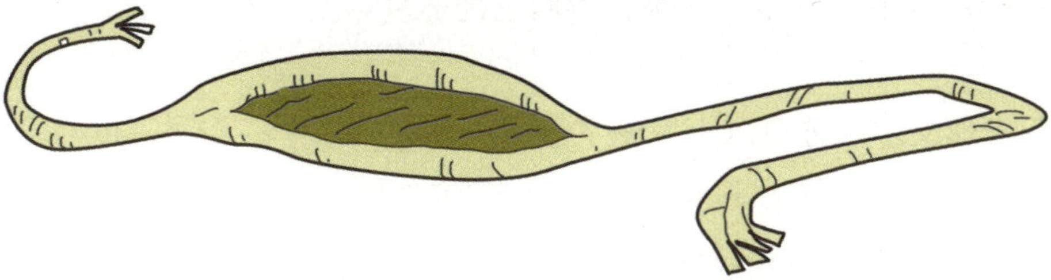

优点	缺点
● 弹丸补充容易 ● 射程距离比弓远 ● 杀伤力比弓强	● 无法在密集阵形中使用 ● 阵形复杂化以后便退出历史舞台

投石带的使用方法

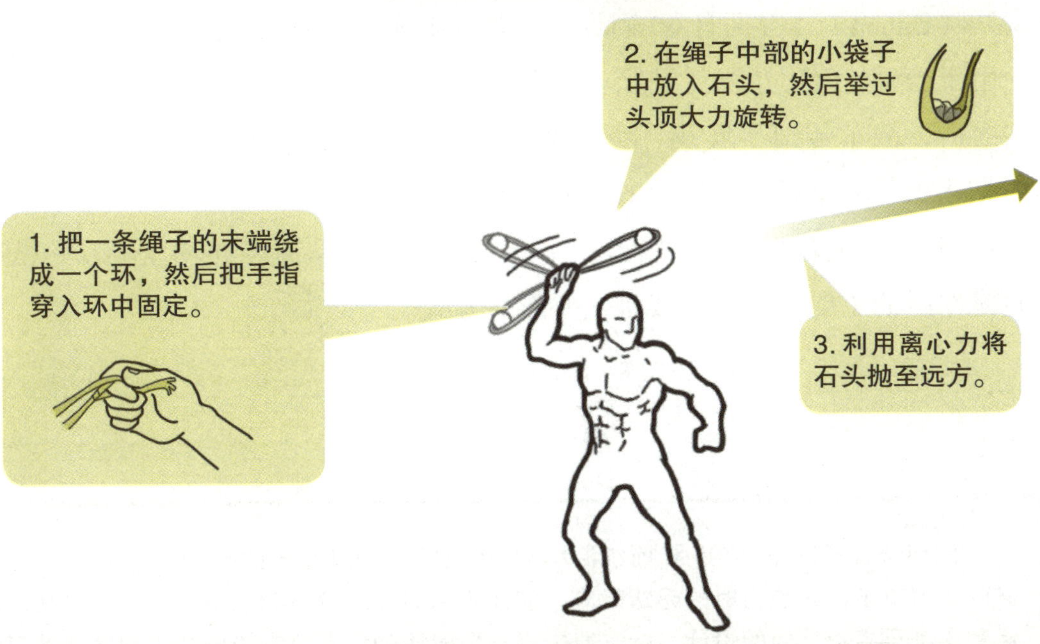

投石带发明于中石器时代，由于使用简单，攻击力又强，因此很快就得到普及。

No.004 古代战车的起源

弓与投石带产生以后，兵器史上的另一次革命就是战车的发明。公元前 3000 年左右美索不达米亚平原上的苏美尔人发明了战车。

使用楔形文字的苏美尔人发明了战车

正如前文所提到的，战车的发明是人类历史上的第二次兵器革命。在新石器时代后期或者是青铜器时代，埃及人发明了车轮。早期的车轮并没有轮辐，只是把一块大木头加工成圆盘状而已，因此非常笨重。这种车机动性很差，不仅速度不快，转弯掉头也非常困难，只能当作货车使用。

一直到公元前 2000 年左右，美索不达米亚平原上的苏美尔人在四轮货车的基础上制成了战场上使用的四轮车，最早的战车就此产生了。

苏美尔战车上搭载了驭手和士兵，士兵从车体侧面的枪筒中取出枪，然后投掷向敌人进行攻击，也可能会在战车上搭载弓箭手使用弓箭攻击敌人。有时候还有两名盾牌兵同时乘车以保护攻击兵。一度是苏美尔最强大的城邦的乌玛（Umma），曾拥有 60 辆战车，并且组成了强有力的战车部队。

由于当时美索不达米亚平原上并没有马，所用的战车都是由驴子拖曳的。

之后，战车传到了埃及、小亚细亚半岛、欧洲、亚洲。在此后很长的一段时期当中，战车都是战场上的主宰。

我国古代的夏朝时已有战车和小规模的车战。从商经西周至春秋，战车一直是军队的主要装备，车战是主要作战方式。

图坦卡蒙战车是 3300 年前统治埃及的法老图坦卡蒙曾使用的一种能在沙丘上高速驰骋的车子，它是当时的超级战车，涉及到的专业理论基础包括轮子、车轮毂、轴承和车身及牛轭之间的设计，标志着图坦卡蒙时代的埃及战车工匠的工程学技艺已经达到了惊人的水平。

最初的车轮

在新石器时代后期左右，埃及人发明了车轮。早期的车轮并没有轮辐，只是把一块大木头加工成圆盘状而已，因此非常笨重。

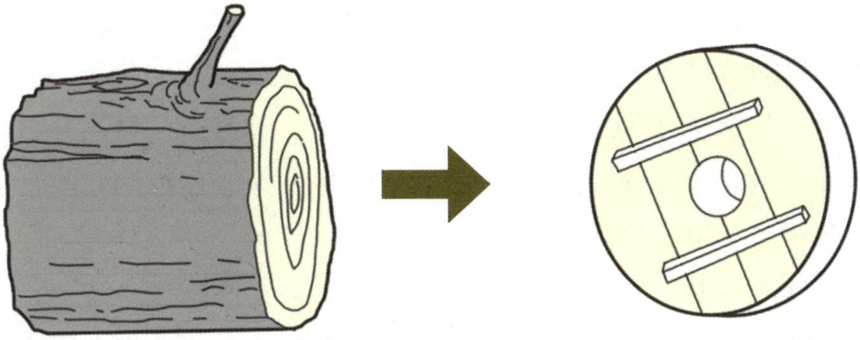

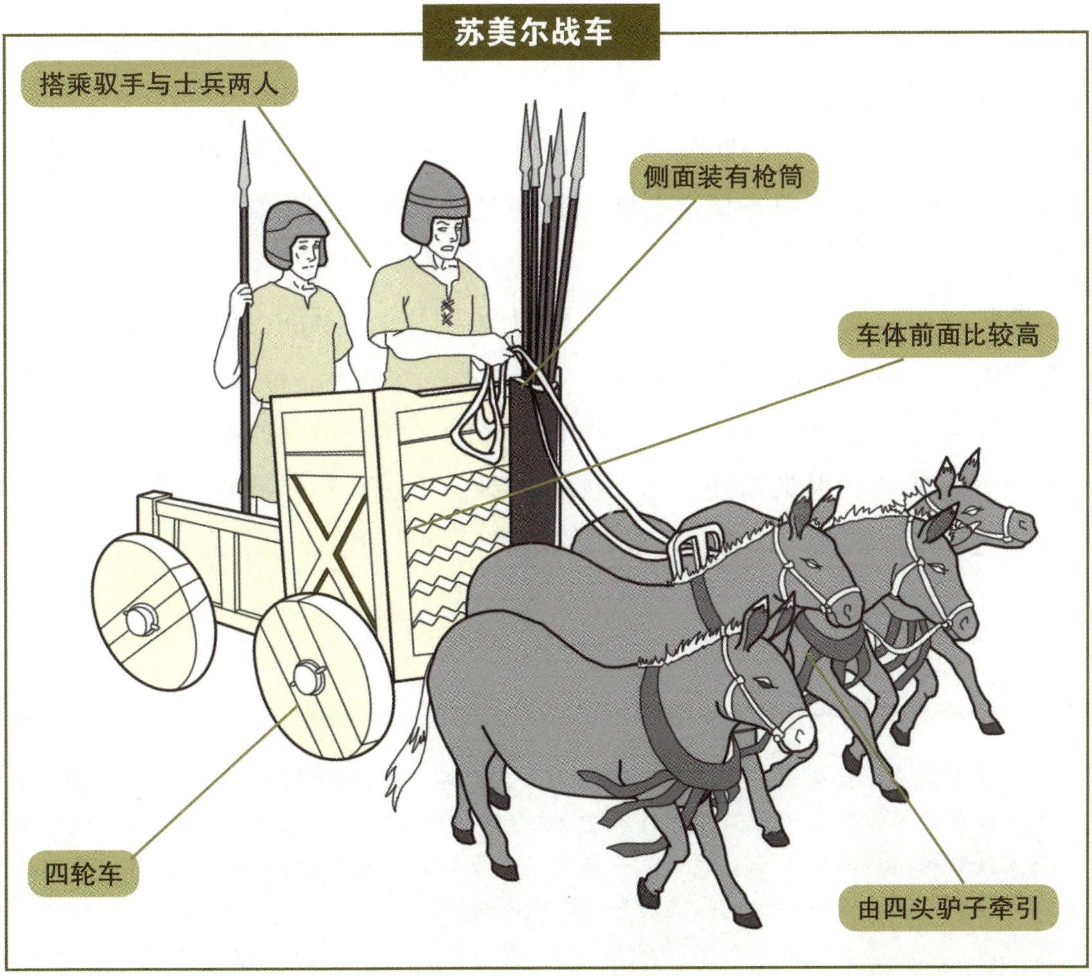

No.005 从战车对战到骑兵混战

战车纵横战场很长一段时间之后最终被骑兵所取代，那么骑兵是如何成为战场主力的呢？

优势明显的骑兵部队

在美索不达米亚平原上的苏美尔、阿卡德、巴比伦、亚述等古代王国，都曾把战车当作战场上的主力。但是不同的是，在亚述帝国，除了战车之外还存在装备了弓和枪的骑兵部队。

骑兵部队和战车部队相比，在兵器方面具备了压倒性的优势。首先，骑兵的行动范围要比战车广，一些战车无法进入的地形对骑兵来说毫无问题。其次，骑兵的机动性也比战车要强很多，只要能够实现人马一体，骑兵能够以数倍于战车的速度在战场上驰骋。

虽然看起来骑兵优势明显，然而在马鞍、马镫这些工具发明之前，骑兵无论是在美索不达米亚平原还是欧洲都只是战车部队的附属，并不算战场上的主力。

当时要在马上使用武器，只能依靠双腿牢牢夹住马的身体，这样做起来难度很大，并不是所有人都能做到。

比如当时的欧洲各国，他们并没有骑马的习惯，对马匹的饲养和调教的技术也并不成熟，很难达到人马一体的地步。不过在与米底亚人等游牧民族作战的过程中，欧洲人认识到了骑兵的优势，骑兵慢慢成为了战场的主力。

1
2
3
4
5

虽然人类学会骑马的历史可以追溯到很久以前，但直到铁器时代，骑兵在战争中仍不普及，无论是冲击任务或者作为射击平台，主要都由战车完成。此时马对战争的主要贡献也就是牵引战车。战车的主要缺点在于较高的成本和对平坦地面的要求，尽管如此当时的战争中首先选择的还是战车而不是骑兵。

战车与骑兵的对比

战车		骑兵

狭窄	行动范围	宽广
较差	行动速度	较佳

- 骑兵可以进入战车进不去的地方
- 骑兵如果可以进行人马一体攻击，能发挥出数倍于战车的速度

欧洲人采用骑兵较晚的原因

①没有道具

当时马鞍、马镫尚未发明，骑马需要经过充分的训练。

②没有骑马的习惯

欧洲人当时并没有骑马的习惯，加上饲养马匹和调教马匹的技术都不熟练。

No.006 亚述帝国引起世界范围内的兵器革命

公元前7世纪，亚述成为世界上第一个横跨亚非大陆的帝国，在这个过程中，铁的使用起到了至关重要的作用。

装备发达的亚述帝国

公元前11世纪左右，繁荣一时的巴比伦王国逐渐衰落，美索不达米亚平原陷入了混乱当中。进入公元前9世纪以后，亚述人国家崛起。到公元前7世纪时，亚述几乎将古代中东世界全部纳入其版图，建立了世界上第一个横跨亚非大陆的帝国。

亚述帝国堪称世界史上第一个“军事帝国”，帝国的历代诸王几乎都是在不断扩张征伐中度过的。其完备的军事发展是当时世界上最发达的。

亚述能够在战场上无往不胜的根本原因就在于铁的使用。亚述是世界上最早使用铁的国家，他们发明了将铁碳化的技术，使工具、兵器的强度大为增强，尤其是武器的威力得到了很大提高。

相比于当时造价昂贵的青铜，铁更适合量产，因此很快传到其他地区。最早实现铁器化的亚述，在制造工艺上也一直处于领先，同时基于铁制兵器的发展，军队的构成日益完善，形成了包括枪兵、弓兵、投石兵、突击部队、战车部队等比较全面的兵种结构。

在古代兵器史上，亚述还有一项重大贡献，就是攻城兵器的开发。由于其他国家无法在正面战场上对抗亚述军队，便纷纷据城而守，为了战胜敌人，亚述着力开发和改良了一些攻城兵器，破城锤就是这时候产生的。

公元前10世纪，亚述进入铁器时代。铁器的使用，生产力的提高，为其长期对外战争提供了充足的兵源和给养。从公元前10世纪末开始，亚述经过两个多世纪连续不断的征战，最终建立起一个横跨西亚北非的大帝国，将两河流域南部及埃及两大文明置于自己的统治之下。

亚述帝国版图示意图

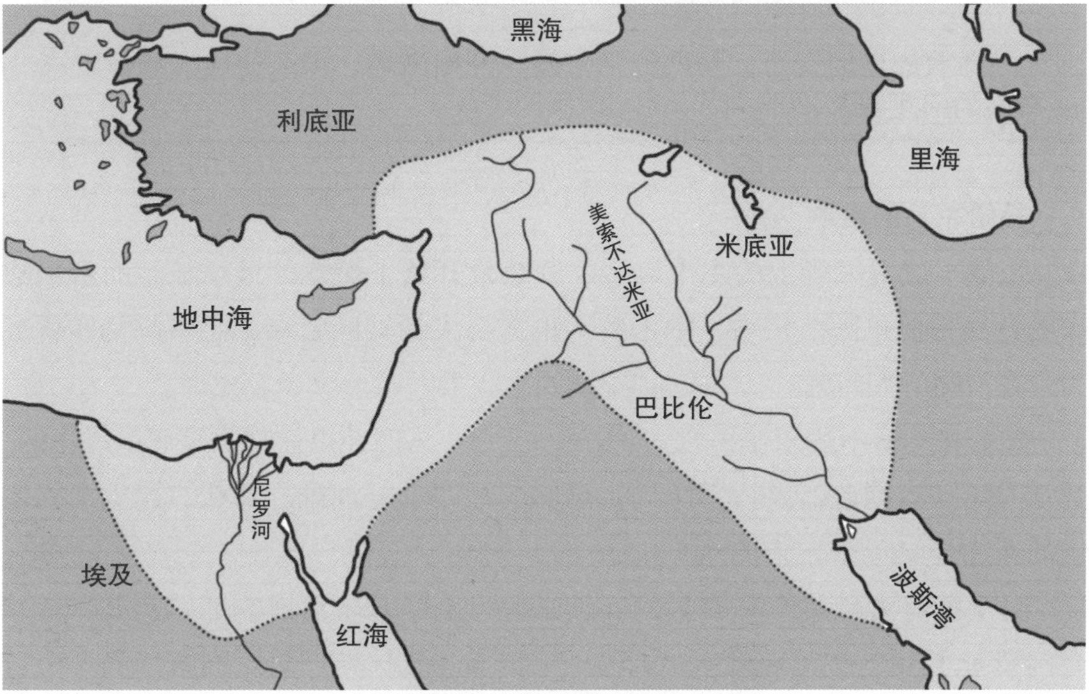

亚述帝国在军事方面的贡献

创立了有组织多兵种的军队

亚述将铁用到兵器上以后，设立了枪兵、弓兵、投石兵、突击部队、战车部队等多兵种，有组织地进行战斗。

攻城兵器的发达

由于其他国家无法在正面战场上对抗亚述军队，便纷纷据城而守，因此亚述致力于攻城兵器的开发。

No.007 古代亚述人如何征集战马

随着战车的普及，马匹的需求量也开始激增，那么亚述人如何解决马匹的问题呢？

补给军马的难题

当战车成为战场上的主力以后，其数量开始了爆炸性地增长，而牵引战车的马匹自然也随之倍增，加上骑兵也需要大量马匹骑乘，足够的马匹就成为迫在眉睫的大问题。

然而在美索不达米亚平原、埃及这些地区，马匹在以往都只是用来耕作的，数量并不多。因此，要为军队提供足够的马匹难上加难。那么，建立了大帝国的亚述是如何筹备足够的战马的？

对于拥有大量战车和骑兵的亚述来说，马匹是不可或缺的。为此，亚述专门设置了一个直属于国王的机构——姆赛尔基休斯，负责在帝国的各个行省筹备马匹。他们会派书记与助手走遍各地的每个村落，寻找并征集马匹，然后还会把征来的马匹逐一向国王报告，并根据国王的指示将马匹进行分配。除此之外，战车军队冬天也会走遍各地的村庄征集马匹。

国王麾下各个部门一天最多的时候能够征集到 100 多匹马，国王会派遣专门的官员将征集到的马匹进行分配。

征集来的马匹要经过仔细调教才能成为真正的战马，等到马 2 岁的时候就能开始拉战车，一直到 8 岁左右都能当作战车马使用。据说调教后的马一天能够驰骋 50~60 公里，就算拉着战车也可以全力奔驰 2 公里。

亚述军队中有三种骑兵：轻骑兵，由亚述帝国统治下的游牧民族组成，装备弓箭和标枪；骑弓手，身穿硬皮甲；重骑兵，装备长矛和剑，负责近战接敌。后来，骑兵逐渐取代战车的地位，而后者变得越加笨重，四匹马拉的战车最后成了步兵的运载工具。

军队的发展面临征马的问题

战车增加

由于战车在战场上大放异彩，因此数量急剧增加。

战车的动力

随着战车的增加，用来牵引战车的马匹数量也随之增加。

马的需求量倍增，如何征集马匹就成为很大的问题

亚述的马匹征集制度

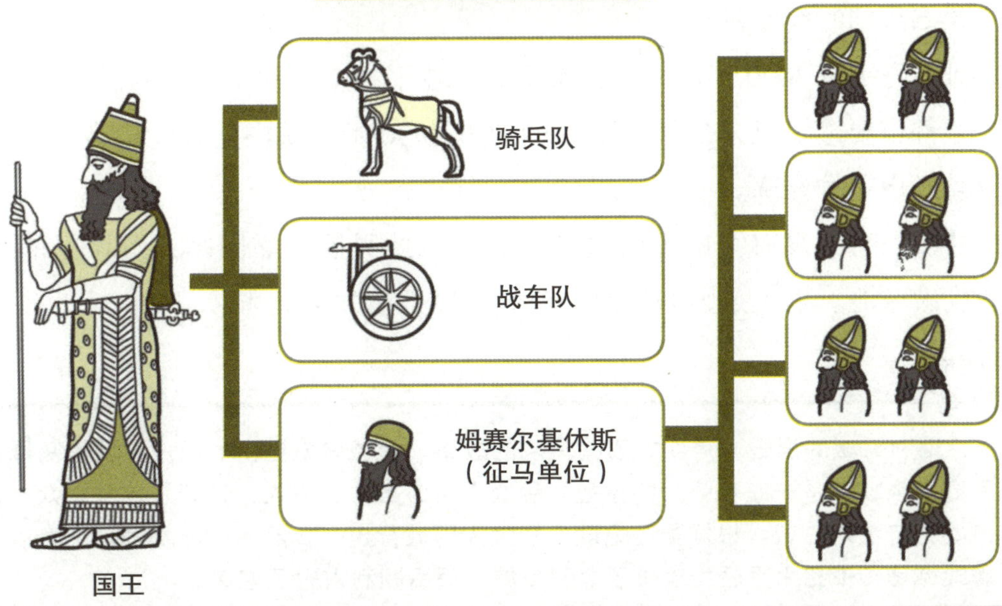

No.008 古代的防御型要塞

当弓、投石带等兵器产生以后，战斗中的防御方式也随之改变。最早的防御就是用木头或石头将村落、城市围起来，“要塞”由此而生了。

耶利哥之墙和加泰土丘

当弓、投石带这些能够远距离攻击的兵器出现以后，防御一方为了抵挡这些兵器的攻击，聚落、城市周围都用木头或石头围起来，这种围在四周的木头和石头，就构成了最早的城墙，并逐渐发展成要塞。

最古老的要塞是新石器时代(公元前8000年左右)的耶利哥(Jercho)之墙，位于今以色列境内。耶利哥之墙是世界上最早的城墙，高约4米，厚约3米，全长700米左右，还建有高8.5米的塔楼和防御投掷兵器的堡垒。

公元前7100—前6300年左右，在今土耳其南部出现了一个特别的要塞——加泰土丘（土耳其语：Çatalhöy ü k）。它没有城墙，但是却是一座防御坚固的聚落。加泰土丘的房屋由黏土黏合而成，每一栋房子都相互连接，建筑之间没有修筑街道，因此整个建筑群就像是一个蜂窝状迷宫。其建筑的门开在顶部，需要使用梯子才能进入屋内，同时这也是其唯一的通风口。如此密集的房屋在共同御敌的时候非常有效。

到了公元前3000年左右，美索不达米亚平原上出现了一座叫做乌尔（Ur）的大型都市要塞。乌尔的城墙最厚的地方达30米，城内建有瞭望台，是一座专门经过规划的要塞。

由于当时并没有大威力的攻城兵器，因此只能依靠围困或者城里的内应才能攻破城池。也正是因为如此，攻城兵器开始发展起来。

耶利哥城的崩毁，是西方家喻户晓的故事，此城守着迦南的门户，城墙高厚，守军高大强壮，是一座极强大的堡垒。犹太人虽为数达百万人，但却是乌合之众，无任何能力与技术攻城。根据圣经记载，犹太人围城行走七日然后一起吹号，上帝以神迹震毁城墙，使犹太军轻松攻破了耶利哥城，而后顺利占领了迦南。

城墙要塞的发展图示

可进行远距离攻击的兵器诞生

为了抵挡大型兵器的攻击

出现木头或者石头围墙

最早的城塞

耶利哥城墙	加泰土丘
年代　公元前 8000 年左右	年代　公元前 7100 年—前 6300 年左右
地点　耶利哥(位于今以色列)	地点　加泰土丘(位于今土耳其)
特点　全长 700 米左右，是世界上最古老的要塞，高约 4 米，厚约 3 米。	特征　是一座防御性很强的聚落集合，并没有城墙，每间房屋都互相连通，建筑之间没有修筑街道，因此整个建筑群就像是一个蜂窝状迷宫

No.009 攻城兵器的诞生和发展

由于要塞的兴起和攻城难度的增加，人们使用一些能够有效破坏城墙城门的兵器，最早的大型攻城兵器就是亚述的破城锤和攻城塔。

诞生于亚述的攻城兵器

亚述人极为擅长野战，亚述军队的战斗力令周围的敌人都望风披靡，后来都开始收缩防御于城中，亚述军队便不得不想尽一切办法攻破城池，以取得胜利。

一开始，亚述人会通过外交途径发布劝降通告，或者在敌人内部培养内应，通过里应外合的策略来攻陷城池。如果这样仍然不能达到目的，就只能采取正面攻击了。亚述在长期的攻城战中发展出了极具代表性的攻城兵器——破城锤和攻城塔。

早在亚述国王阿淑尔纳西尔帕时期（公元前 883—前 859 年），亚述就已经开始使用装有破城锤的 6 轮大型移动攻城塔。到了提格拉特·帕拉沙尔三世（公元前 745—前 727 年）时代，攻城塔经过精心设计，变得更加轻便，并且已经实现量产，亚述人在攻城的时候常常投入多座攻城塔同时进攻，分散敌人防御的力量。

同时，亚述还会同时使用其他诸如攻城长梯等多种攻城兵器，用以分散敌人兵力。

如果这样还不能攻破城池，就只能采取围城的方式，切断敌军的粮草供应，不过这种方法不到万不得已是不会使用的，毕竟在运输欠发达的古达，粮草的运输供应对双方而言都不容易。

提格拉特·帕拉沙尔三世（Tiglath-Pileser III，？—前 727 年），亚述国王（前 745 年—前 727 年在位），巴比伦国王（前 729 年—前 727 年在位）。提格拉特·帕拉沙尔三世是亚述新王国时期最重要的君主之一，更被认为是亚述帝国的创建者。在他统治期间，亚述国家再次从衰弱走向强盛。

阿淑尔纳西尔帕时期的攻城塔

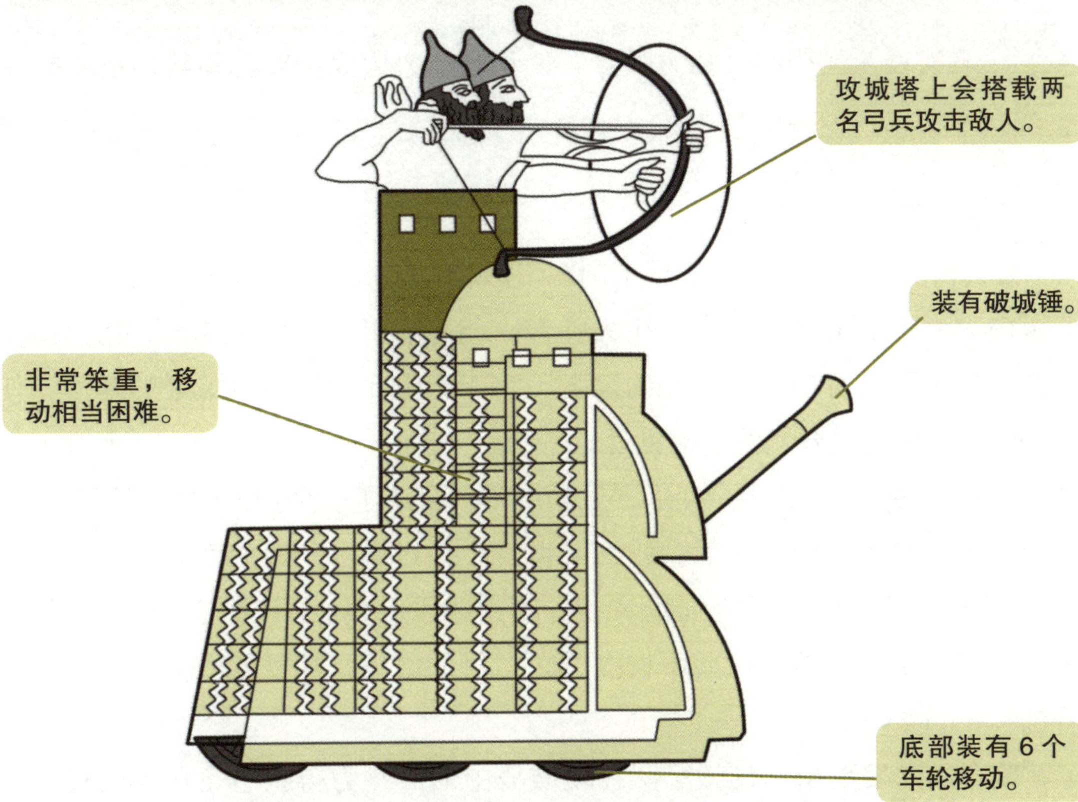

提格拉特・帕拉沙尔三世时期的攻城塔

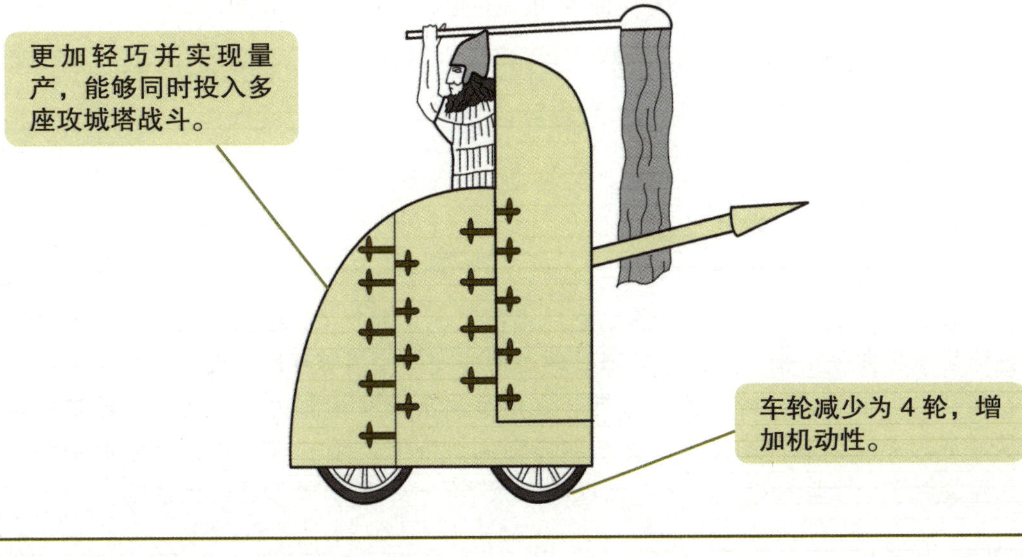

No.010 古代兵器中的“扭力弹簧”是什么

马其顿人发明的“扭力弹簧”使兵器威力大大提升，马其顿也因此成为强国。

“扭力弹簧”的出现

公元前4世纪，时为马其顿王国国王的腓力二世（公元前359—前336年，亚历山大大帝的父亲）发明了扭力弹簧。相比于以往的延展弹簧，扭力弹簧的弹力来源于装有绳索、毛发的绞盘，它能产生比延展弹簧更强的弹力，使兵器的威力大为提升，射程也更远。

腓力二世在位的二十余年间，励精图治，打造了一个强大的马其顿王国。在控制了希腊各个城邦之后，腓力二世将矛头对准了当时的大国波斯帝国。为此，腓力二世召集了大量工匠和技师改良兵器，扭力弹簧就是此时产生的。扭力弹簧应用到兵器中以后不仅提升了弓弩的威力，还发展出了大威力的投石机。

投石机的发明令马其顿军队在攻城战中的战斗力得到了飞跃性的提升，为随后的亚历山大东征奠定了一定的基础。

此后，扭力弹簧也一直被持续改良，到公元前2世纪左右，扭力弹簧上的绳索从以前的马毛改为马腱，耐久度和强度都得到了增加。

扭力弹簧的出现，使攻城兵器产生了革命性的变化，发明之后的几百年间，当时大多数投射兵器都采用了这种装置。

腓力二世统一了上、下马其顿之后推行了一系列改革，国势日盛，在巩固了国内统治后积极向外扩张。腓力二世巧妙地运用外交与军事等手段，使马其顿很快成为左右希腊政局的力量。公元前338年，在喀罗尼亚战役中腓力二世战胜了希腊联军，从而成为希腊诸城邦的主宰。其子亚力山大大帝于公元前330年灭亡波斯帝国，不久建立起了一个地跨欧、亚、非三洲的庞大帝国——马其顿亚历山大帝国。

马其顿与波斯帝国版图示意

腓力二世

- 公元前 359—前 336 年
- 亚历山大大帝的父亲
- 为了准备与波斯交战而改良攻城兵器，结果开发出了扭力弹簧

扭力弹簧的特征

1. 以一根粗壮的木质把手来扭动绳索和毛发制成的弹簧，构造比延展弹簧更坚固，有效提升了兵器的威力。
2. 马其顿国王腓力二世召集工匠，于公元前 4 世纪中叶发明。
3. 发明之后持续使用了 800 年，大多数投射兵器都采用了这种装置。

No.011 海上兵器的发展

随着人类踏足海洋，海上战斗不断发展，腓尼基人发明了一种被称为桨帆船的战船。桨帆船在以后发展除了双列桨座战船、三列桨座战船。

从五十桨船到双列桨座战船

随着海上战斗的开始，海上兵器也发展了起来，桨帆船可以算是最早的海上兵器。据说最早使用战船的是公元前 13 世纪的特洛伊战争，然而并无确切的证据能够表明这一点。最早留下记录的是公元前 1190 年的埃及，他们首先在尼罗河中使用了战船，这种船没有龙骨和冲角。

对战船贡献最大的是腓尼基人，他们以“榫孔”结合船只外板，令船只的耐久性和防御力都得到了提升。在船上装有横帆和桨，以及可拆卸的桅杆。

腓尼基的战船起初由 20 人划动，后来增加为 50 人，称为“五十桨船”（Penteconter），也就是最早的桨帆船。它的左舷、右舷各有 25 人划船，船体细长，稳定性较差，操纵比较困难。这时候船上还没开始安装冲角。

一直到公元前 9 世纪左右，腓尼基人给战船装上冲角，同时为了提升速度，他们发明了备有上下两层桨的桨帆船，也就是双列桨座战船。双列桨座战船比单列桨座战船短，操控上比较容易，稳定性也得到提高，能够远程航海。

在双列桨座战船的基础上发展出了三列桨座战船，后来更进化为四列、五列桨座战船。

腓尼基人是历史上一个古老的民族，自称为闪米特人，又称闪族人。生活在今天地中海东岸相当于今天的黎巴嫩和叙利亚沿海一带，他们曾经建立过一个高度文明的古代国家。公元前 10 世纪至公元前 8 世纪是腓尼基城邦的繁荣时期。腓尼基人是古代世界最著名的航海家和商人，他们驾驶着狭长的船只踏遍地中海的每一个角落，地中海沿岸的每个港口都能见到腓尼基商人的踪影。

埃及的战船

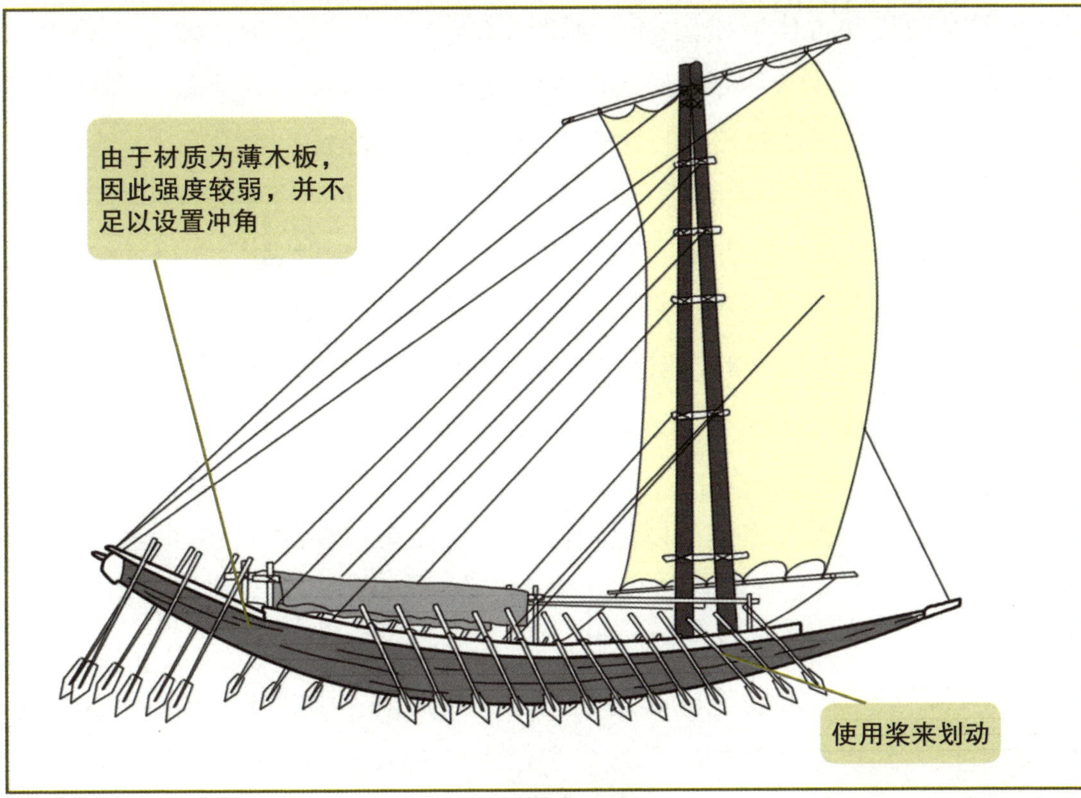
由于材质为薄木板，因此强度较弱，并不足以设置冲角
使用桨来划动

五十桨船

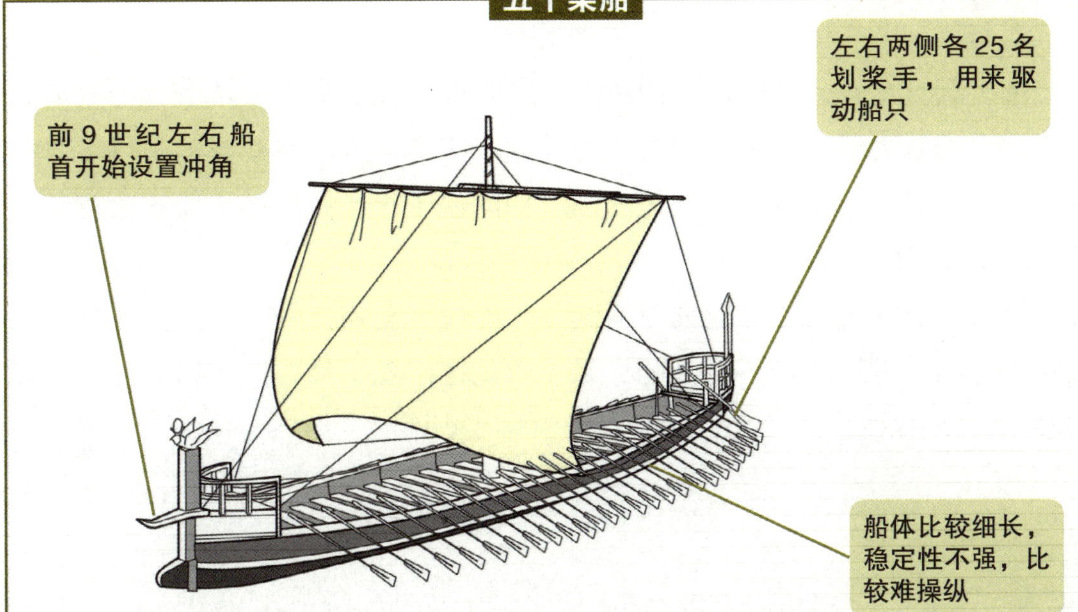
左右两侧各 25 名划桨手，用来驱动船只
前 9 世纪左右船首开始设置冲角
船体比较细长，稳定性不强，比较难操纵

专题：兵器在古代战争中的作用

兵器在现代和古代所扮演的角色可谓天壤之别。进入近代以后，兵器几乎都是通过远距离来攻击敌人，如导弹、原子弹等。现在的兵器更是具有了一击必杀的能力，手持武器进行白刃战的战争已经少之又少了。

而在火药发明之前的古代兵器，不仅无法依靠强大的火力远距离攻击，本身的攻击力也十分有限，最终还是要靠白刃战来决定胜负。

把古代兵器大致分类可以分为白刃战中杀伤敌人的近距离攻击武器，以及能够从远距离攻击敌人的投射兵器两种。不过在古代战争中，虽然飞行兵器、战车、陷阱等兵器都能杀伤敌人，不过最终的胜负还是要依靠近距离武器来决定。

因此，像马其顿方阵这种以近距离攻击兵器为主要战斗力的阵形和战略战术就非常重要。虽然投射兵器也随着时代而不断进化，并且能够重创敌军，但是始终不是决定胜负的最关键因素。

投射兵器最主要的功能就是用来攻城。在我国三国时代，投石机和连弩就已经被投入到攻城战当中，并发挥了巨大的效果。在攻城战中，攻击中心就是通过各种兵器攻破城门或者城墙，然后由士兵冲进城中，通过近距离攻击武器与敌人决一胜负。

在兵器的发展历史中，青铜和铁的发明都给兵器带来了革命性的发展，使得兵器的威力得到了大幅提高。另外，一些学者也会在必要的条件下研制兵器，如希腊的阿基米德，我国战国时期的墨子等。就其结果而言，对兵器的发展做出了巨大的贡献。

相比较于古代兵器普遍威力不足（与现代兵器相比较），人们在战术、战略等方面的发展取得了巨大的成果，因此也出现了许许多多以少胜多、以弱胜强的经典战役。

第二章
中国古代兵器

No.012 多箭连发：诸葛连弩

连弩是一种能够连续大量射箭的弓弩，比较有名的连弩要算三国时诸葛亮发明的“诸葛连弩”。

诸葛连弩

弩是从弓发展而来的兵器，使用扳机来击发弩箭。其中能够连续发射或者一次射出多枚弩箭的称之为连弩。连弩全长约 30 厘米，是一种比较迷你的小型兵器。连弩上装有箭匣，最多能容纳 18 枝箭。在射击的时候只要来回抽动把手，就能够实现自动装填和发射。

根据记载，早在春秋时代，连弩就已经开始使用。汉武帝手下的将领李陵曾使用连弩射击匈奴单于。

三国时期，诸葛亮曾经发明了一种称为“元戎”的连弩，据说以此可以同时发射 10 枝铁箭（也有说法是能够连续射击 10 枝铁箭）。关于它的尺寸也有各种说法，有人认为它是一种能够个人携带的小型弩，还有一种说法说它是用来发射长达 18.4 米的铁箭的大型弩。

根据《华阳国志》的记载，诸葛亮挑选了 3000 名使用连弩的精锐士兵，组成了一支称为赤甲军的部队。在诸葛亮的的多次北伐中就长期使用了连弩，因此也被魏国的人摸清了这种兵器。魏国马钧对诸葛亮的连弩进行了改良，威力大为提高。等到 238 年魏国进攻襄平的时候，这种连弩已经被广为使用。

到了明代，又制作出了一种能够连续发射 10 枝箭的连弩，继续沿用了诸葛连弩的名称。

《魏氏春秋》曰：“亮作八务、七戒、六恐、五惧，皆有条章，以训厉臣子。又损益连弩，谓之元戎，以铁为矢，矢长八寸，一弩十矢俱发。”

连弩的构造

比床弩要小许多

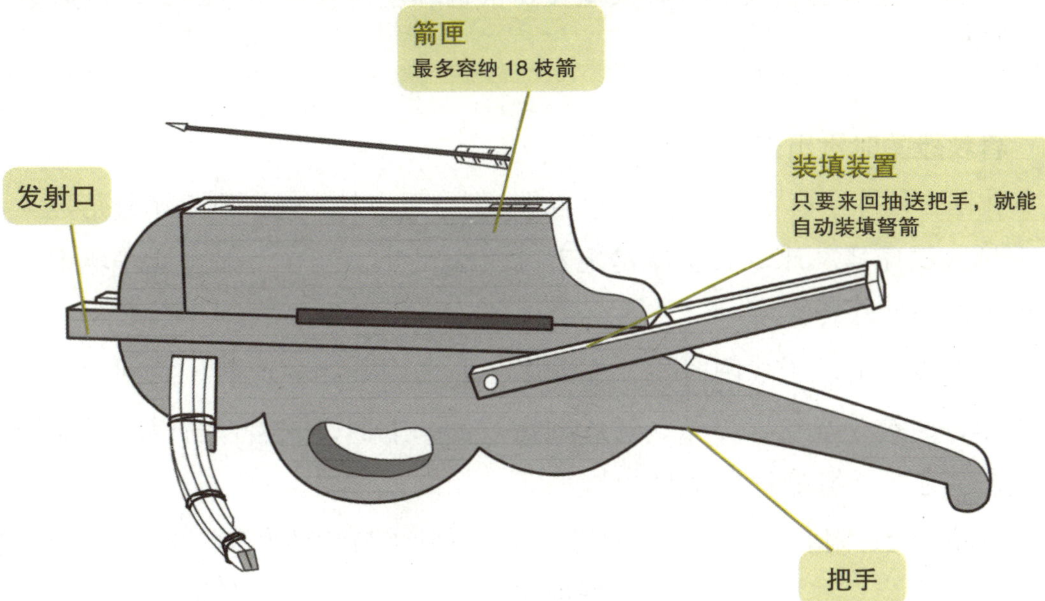

传说中的诸葛连弩

大 小	
说法 1	说法 2
可供个人携带	用来发射长达 18.4 米的铁箭的大型弩

箭的发射	
说法 1	说法 2
能同时发射 10 枝箭	能够连续发射 10 枝箭

诸葛连弩在古代称为元戎，指的是由三国时诸葛亮发明的一种连发弩，由于缺少资料，尺寸大小等有各种说法。

No.013 床弩

床弩是我国古代的一种大型投掷兵器，使用长达两米的箭，投射威力巨大。

春秋战国时代出现的大型弓

我国古代除了有像诸葛连弩这样的小型弓弩以外，还研制出了外形庞大、威力惊人的床弩。床弩其实就是把普通弩大型化，装在发射台或车辆上，为一种大型的特殊弩。

床弩最早出现于战国时代，在《墨子》当中有相关记载。它利用人力转动绞车，通过绞车拉紧弓弦，然后固定“牙”上面，放上弩箭以后只要用棍棒敲击“牙”，弩箭就会发射出去。

之后，经过南北朝、唐朝、宋朝，床弩得到了持续的发展。南北朝的时候，有一种被称为“神弩”的床弩，据说能够发射长达 5 米的长箭。由于床弩装填时间很长，因此主要用于攻城。

根据宋朝编修的《武经总要》记载，当时床弩种类众多，从张弦时绞轴的人数上看，小型的需要 5 ~ 7 人，大型的需用 100 人以上。瞄准和以锤击牙发射都有专人司其事。所用的箭以木为杆，铁片为翎，号称“一枪三剑箭”。实际上就是带有铁翎的枪，破坏力很强。

有一种床弩可射出“踏橛箭”，使之成排地钉在夯土城墙上，攻城者可借以攀缘登城。还有的在弦上装兜，每兜盛箭数十枝，同时射出，称“寒鸦箭”。当时床弩的射程可达三百大步 (约合 570 米), 是中国古代弩类武器中射得最远的。

据宋朝张表臣撰《珊瑚钩诗话》记载，床弩在景德元年（1004 年）的澶渊之战中曾发挥过很大作用，但床弩构造笨重，机动性较差。随着火器的发展，床弩逐渐被废置不用。北宋时期，步兵的远射兵器除了一般的弓弩以外，还进一步发展了一种重型远射兵器，即利用复合弓的床弩。

床弩的构造

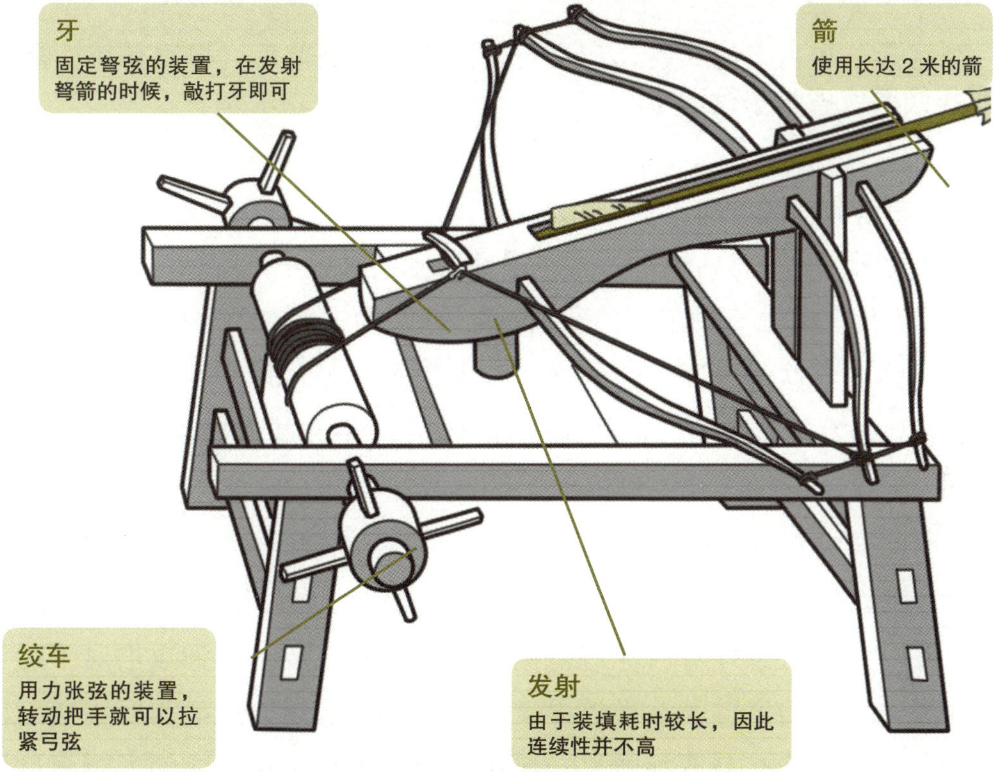

使用“踏橛箭”攀登城墙

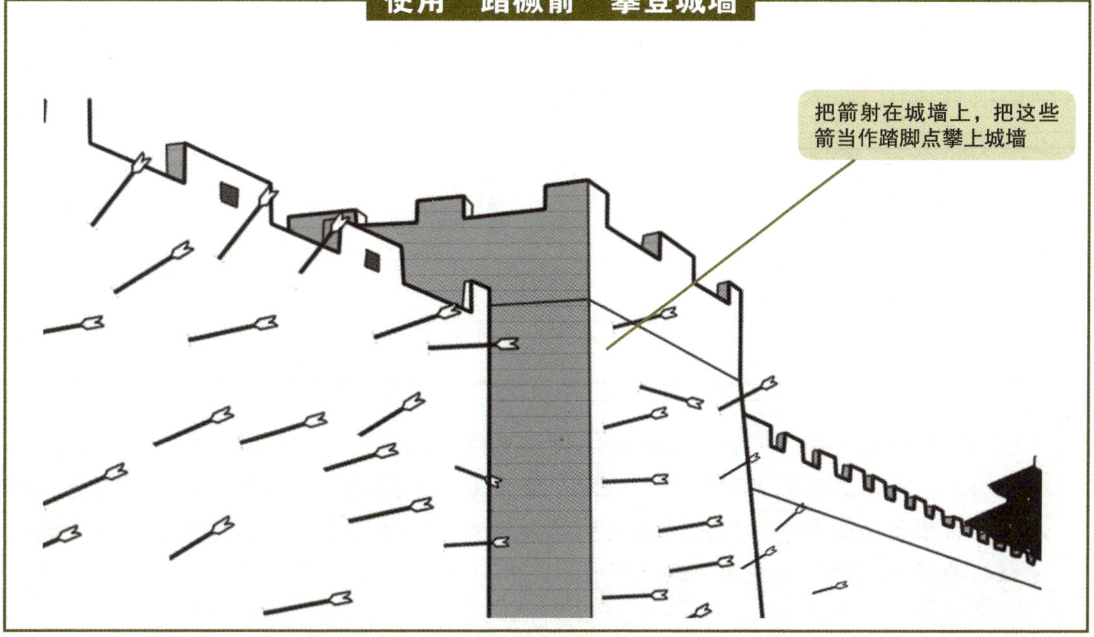

No.014 随身暗器：弹弓

弹弓是一种古老的兵器，产生于公元前 8 世纪前后，根据其特性常常用作偷袭或者暗杀行动中。

产生于春秋时代的弹弓

弹弓是我国一种非常古老的兵器，早在公元前 8 世纪的春秋时代就已经出现。它的形状和弓相似，但是尺寸要小得多，在弦的中部有一个皮制的袋状物，能够装填石弹或者铁弹，通过弦的弹力发射出去。弹弓是一种从类似投石带的绳状投石兵器发展而来的，它更容易瞄准，命中率和威力都要更高。

弹弓产生以后，一度被用作战场上的兵器，然而由于它射程近，远距离威力小，因此很快便被弩所取代。此后，弹弓就只能被用来捕猎小动物了。

随着时代的发展，加上弹弓本身便于携带的特性，有时候被当作暗器使用。弹弓可以在一定距离意外对目标进行偷袭，使用石弹或者铁弹攻击对手的头部，往往能造成出人意料的杀伤效果。一般的暗器像短刀之类需要在接近目标到很近的距离才能充分发挥效果，而弹弓则可以在保持距离的同时向目标发起攻击。

弹弓还有一个优点，就是它在发射的时候几乎没有多大声响，弹丸也很小，不容易被敌人发现。只要有足够的弹丸，弹弓就能不断攻击，加之使用简单，因此作为暗器十分适合。

在我国古代名著中的《西游记》和《封神演义》中出现的二郎神杨戬就是使用弹弓的高手。

《西京杂记》中曾记载，汉武帝的同学韩嫣好打弹弓，“常以金为丸，一日所失者十馀。”一时长安市井流行“苦饥寒，逐金丸！”的说法。每次韩嫣挟弹出行，后边都会有很多儿童跟随，去拣韩嫣打失的金弹丸。韩嫣表字王孙，史上“挟弹王孙”（有纨绔子弟之意）的说法就来自于他。

最早的弹弓

弹弓是由弓变形而来的兵器，用来弹射石弹或铁弹。

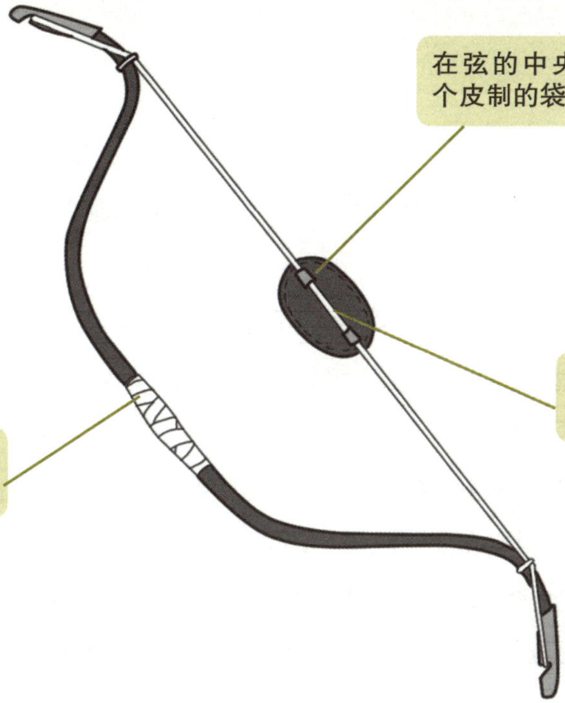

弹弓的特征

①外形似弓，弹射石弹或者铁弹

②近距离威力巨大，但是射程短

③随着其他武器的发展，弹弓逐渐成为暗器

④尺寸小巧，方便携带

No.015 探查敌情的巢车

古代为了探查敌情，往往采用高处眺望的方式，因此发明出了一种叫做“巢车”的兵器，它能将士兵升至 10 多米的空中。

移动瞭望台

在古代战场上，侦察敌方阵营的情报非常重要。在大多数场合，由专门的斥候负责打探或者爬上树木去观察敌阵。如果在观察地点、高度不适合的时候，就要使用巢车了。

巢车是一种装有轮子的移动车辆，它有一个可以容纳两三名士兵的望楼，通过巢车上的转轴能将士兵升至高出，观察远处或者城墙内敌人的状况。因为顶部望楼的四面都开有窗户，形似鸟巢，因此称之为巢车。

巢车的高度一般都在 10 米以上，高架顶部有一个横梁结构的转轴，通过转轴卷动绳索能够调节望楼的高度。在望楼的一面会装上牛皮等装甲，用来抵挡箭矢和石弹的攻击，甚至还会涂满泥巴来防火。虽然巢车在分类上算是攻城兵器，但是事实上很难靠巢车发动攻击，最主要的功能还是观察敌情。

除了巢车以外，还有另外一种无法升降，只是在高架上装有板屋的侦察兵器，叫做望楼车。它比巢车要小，需要通过梯子爬上顶端的望楼。

其实早在春秋时期就出现了类似的侦察车辆，在高架上安装小木屋，这种车辆叫做轩车，是巢车的前身。

“望楼车”以坚木为竿，高 8 丈，顶端置板层，内容纳一人执白旗瞭望敌人动静，用简单的旗语向下面的将士通报敌情。将旗卷起表示无敌人，开旗则敌人来；旗竿平伸则敌人近，旗竿垂直则敌到；敌人退却将旗竿慢慢举起，敌人已退走又将旗卷起。车底有轮可来回推动；竖杆上有脚踏橛，可供哨兵上下攀登；竖杆旁用粗绳索斜拉固定；望楼本身下装转轴，可四面旋转观察。这种望楼车比巢车高大，观察视野开阔。

巢车的构造

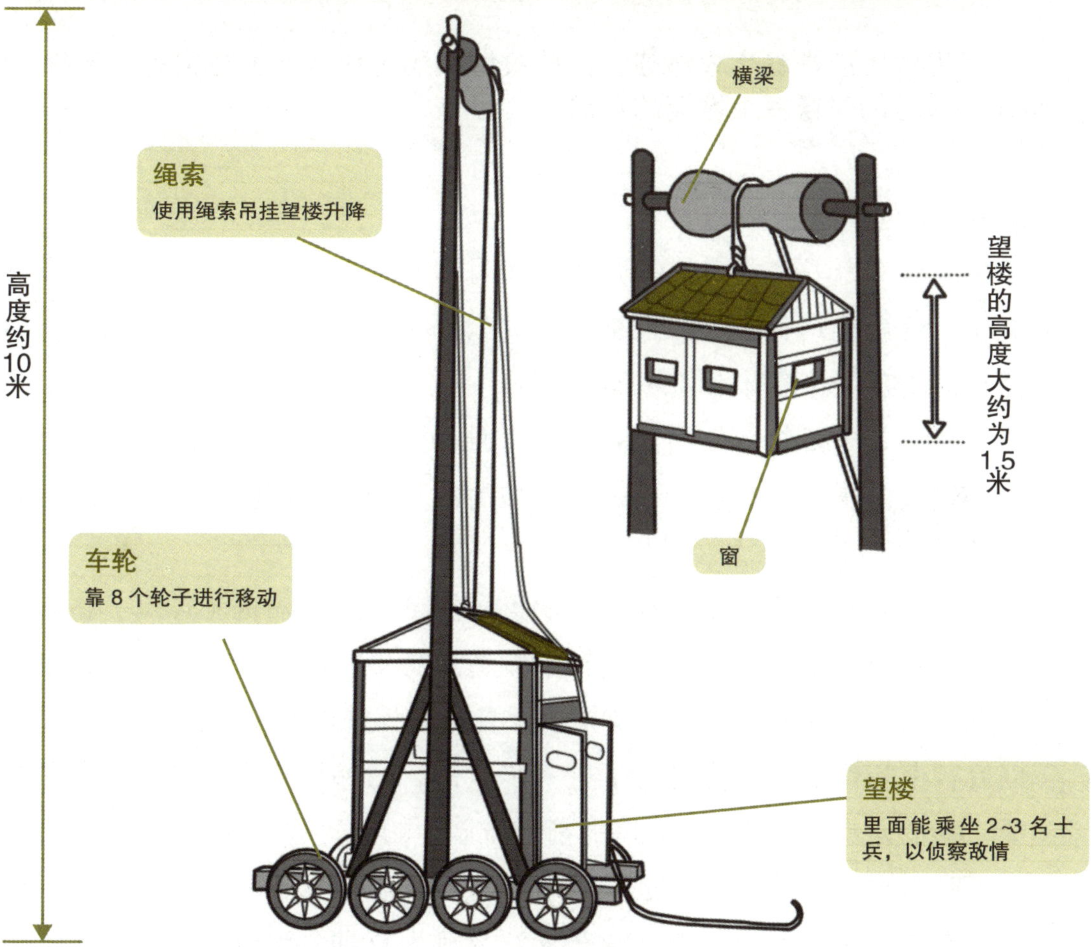

望楼车的构造

望楼车和巢车一样，都是侦察用的车辆

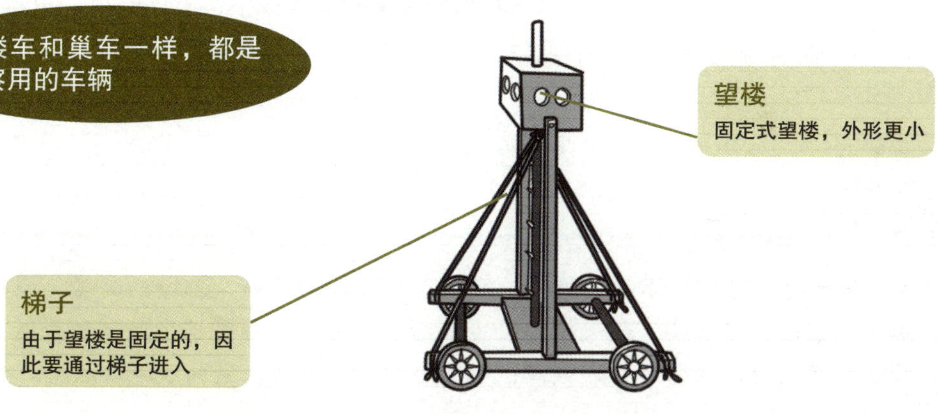

No.016 越墙攻城的云梯

我国古代经常发生攻城战，因此攻城兵器也比西方发达很多。云梯就是在攻城的时候登上城墙的兵器。

攀墙登城的工具

云梯是专门为了攀登高耸的城墙而发明的攻城兵器。我国古代的云梯下带有轮子，可以推动行驶，故也被称为“云梯车”，配备有防盾，绞车，抓钩等器具，还有有的带有用滑轮升降设备。

在云梯的末端绑着一条很长的绳子，通过拉动这根绳子，能够调节云梯的角度和高度。梯子的长度会根据目标城池的不同进行调整，甚至有高达十几米的长梯。

云梯的发明者一般认为是春秋时期鲁国能工巧匠公输班（鲁班），其时楚惠王为了达到称雄目的，命令公输般制造了历史上的第一架云梯。其实在更早之前就已经出现了，叫做 “钩援”，鲁班对其进行了改进。

以后各个朝代都对云梯进行了进一步改进，云梯日益完善。还有一些能够搭乘士兵的云梯，能够用弩或者弓箭对城墙上的敌兵进行压制。

为了防范云梯的攻击，多是采用射火箭另其燃烧焚毁的方式。但是如果云梯包上牛皮，并且涂满泥巴，火势无法蔓延，这种方法就会大打折扣了。还有在城墙上设有投石器，用石头来砸毁云梯也很有效果。

攻城在古代有多种方法，但多是以迅速登城为决胜前提，架梯必须果敢、迅速、乘虚入城。所以使用更多的是一些比云梯更加轻便简单的飞梯。

三国时，孙权手下大将甘宁，率兵攻打曹操的皖城，攻城的时候，原打算派兵士运土筑土山，竖云梯，架飞桥，接近敌城墙，但大将吕蒙认为此法费时费力，不如乘军队士气正锐，用弓弩石炮强攻，可速战速胜。果然，最后以强攻取胜。

云梯的构造

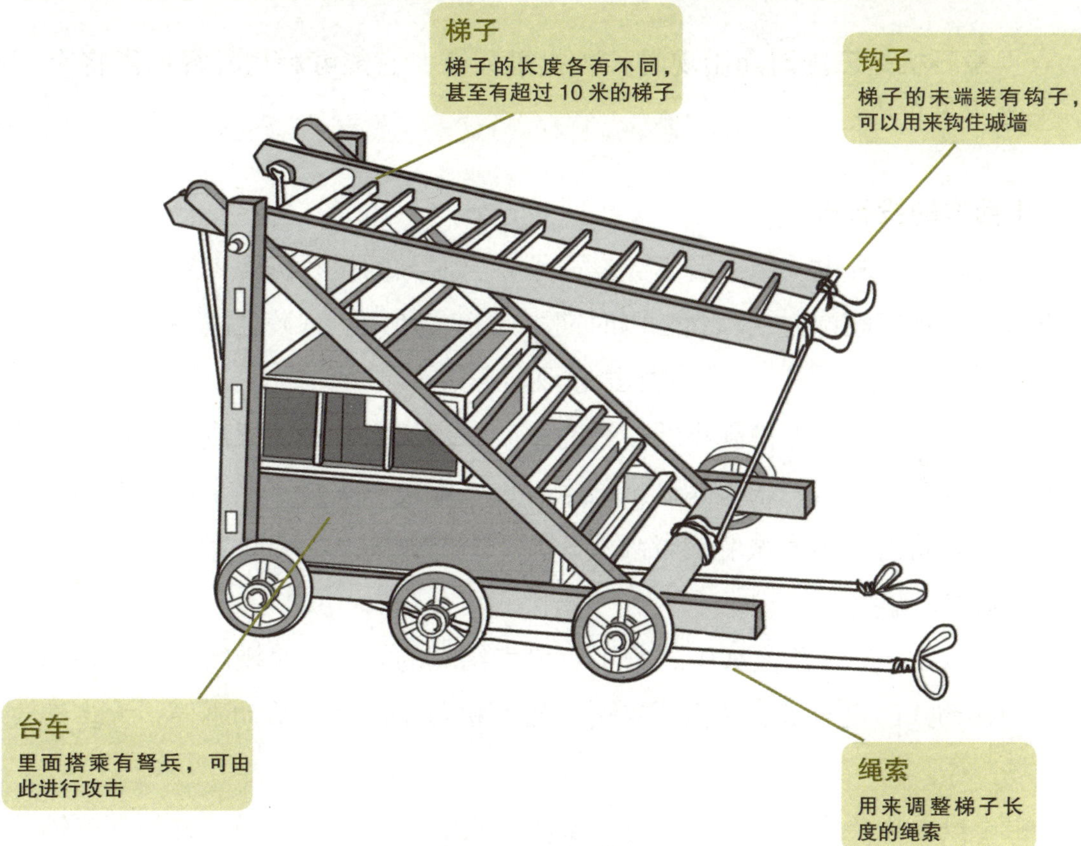

云梯的使用方法

No.017 攻城利器：投石机

投石机是三国时期出现的一种投掷兵器，它能够利用杠杆远离将大石块抛向敌人。

中西方的投石机

在我国投石机也叫做发石车、霹雳车，与西方的投石机无二致，中国的投石机最早出现于战国时期，到三国时期开始频繁使用。官渡之战中，曹军就曾使用。因为其声如雷震，因此袁军给它取名霹雳车。

投石机是在台车上搭载高约5米的木架，木架上装有一根成为“炮轴”的旋转轴，炮轴上安装一根长达8米的木杆，一端设有皮袋，用来放置石弹，利用杠杆原理将石弹抛向城墙或者敌兵阵营。有时候还会抛射牲畜死尸，用来引起底房城内的瘟疫。

公元200年的官渡之战中，为了对付袁绍军的井栏，曹操麾下的刘晔制造了一种移动式的投石机。然而后来由于投石机过于巨大，移动不便，大多都改为现场制作。

由于投石机要靠人力进行操作，装填缓慢，无法连续射击，另外其炮轴只能旋转，无法变换方向，发射的方向会受到很大限制。同样，如果投射距离太远的话，投石机的威力也会随之下降。

三国时魏国的马钧还曾试图制造一种能够通过轮盘连续发射的投石机，不过却并没有真正制造出来。

元代蒙古军队从波斯人那里学来“回回炮”，即“配重式投石机”。用绞盘升起重物，靠重物下坠的势能转化动能把杠杆另一头的炮弹射出。其平衡重锤重量通常在4到10吨左右，以致整个投石机形体庞大。《元史·阿里海牙传》载：“会有西域人亦思马因献新炮法，因以其人来军中。”“机发，声震天地，所击无不摧陷，入地七尺。”

投石机的构造

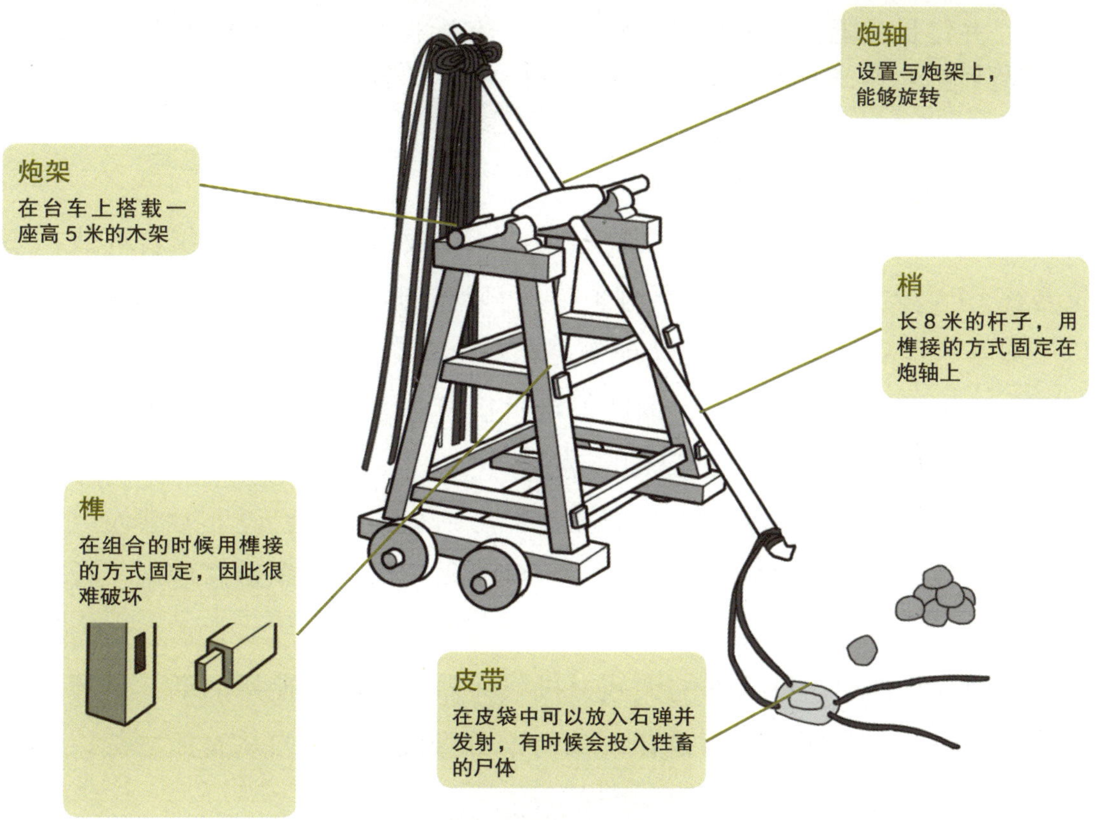

投石机的使用方法

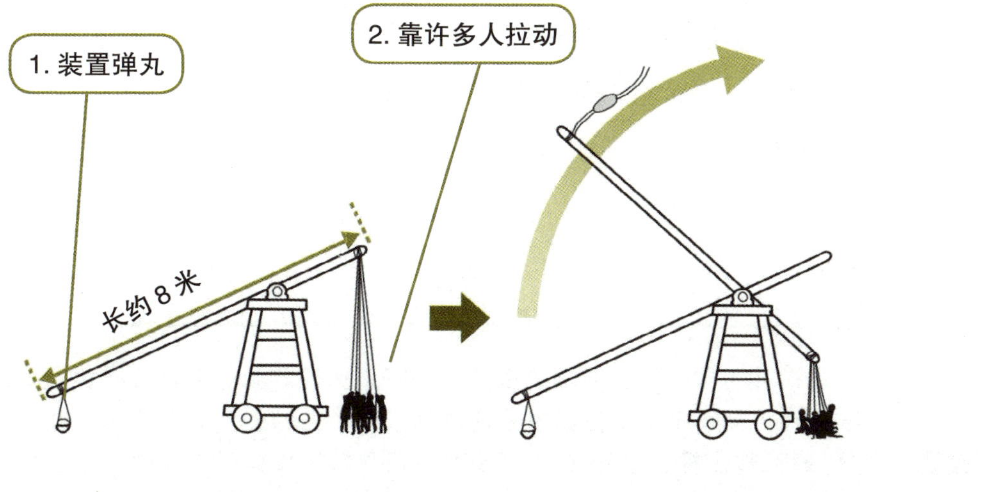

No.018 移动塔楼：井栏

井栏是我国古代常用的攻城工具，简单地说，井栏可以称之为移动的攻城塔，弓兵在井栏上居高临下放箭杀伤敌军。

专门用来射杀城墙上的敌兵

井栏是古战场上常用的大型攻城兵器，一般由结实的木料组合而成，高度常在10米以上。四方柱形，下有车轮，可以移动。攻城时士兵站在井栏顶部，以弓箭等远程武器对守城士兵造成伤害和威胁。

由于井栏外形过于巨大，因此很难直接将其运到战场上去，必须要先解体以后搬运到战场上，然后重新组装起来。

井栏是什么时候发明的不得而知，但是到三国时期已经非常普及。官渡之战中，袁绍曾利用井栏攻击曹军，一度占得上风。后来曹军使用了投石机将其破坏，才逐渐挽回战局。

如果将井栏和连弩这样的大威力投射兵器结合起来使用的话，在战场上的作用应该会十分明显。但是让人觉得不可思议的是，自从官渡之战以后，在整个三国时代井栏几乎都没再出现了。

但是从一些古代文献来看，井栏似乎只是作为攻城战的备用装备而已，冲车、云梯、投石机等的使用频率要大大高于井栏。这或许是因为井栏体积过于庞大，搬运拆解比较困难，同时容易成为敌方投石机的目标吧。

不过即便如此，也不能否认井栏作为一种攻城兵器的意义，它能令攻城一方在同等甚至更高高度对守城军早成杀伤，是古代为数不多的大型攻城兵器。

井栏在古代又叫做楼橹，顶端设望楼，以瞭望瞰视敌城。在攻城时，同土山配合使用。楼橹上的兵士侦察和报告城中敌情动静，土山上的射手根据其指示发射箭矢。官渡之战中，袁绍作高橹，起土山，射曹营中。司马懿围攻襄平之战中，起土山，修橹。

井栏的结构

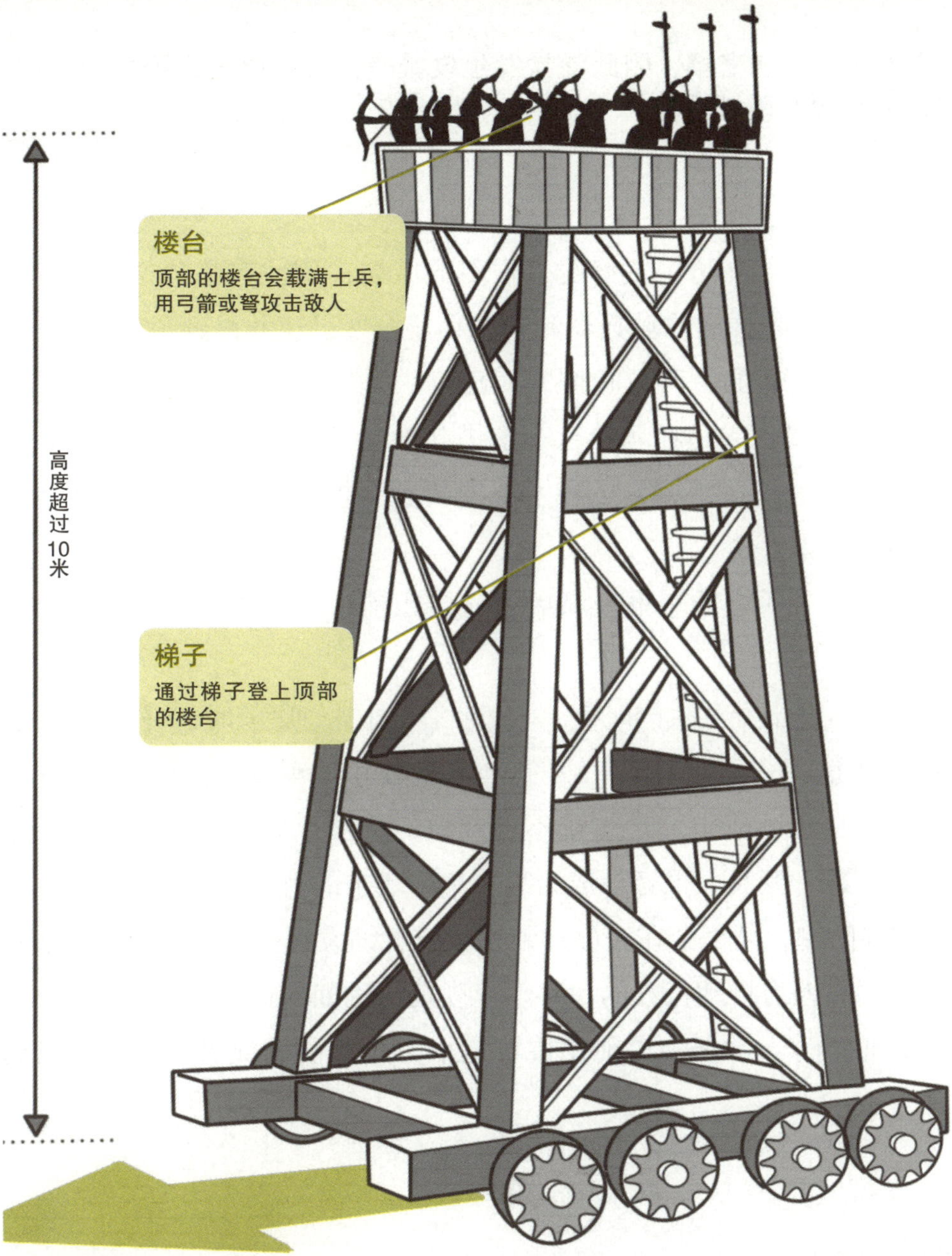

井栏的缺点

①外形大，高度高，容易成为敌人的攻击目标

②拆卸不便，搬运困难

No.019 破城巨无霸：冲车

我国古代城池密集，因此常常发生攻城战，各种攻城兵器层出不穷。冲车就是我国的破城锤。

破城大锤

我国古代为了提高防御，修建了很多的城墙，因此在战争中难免面临攻城战。为此，各式各样的攻城兵器和守城兵器发展迅速并得到了广泛应用。

冲车是攻城兵器的一种，也叫“对楼”，是以冲撞的力量破坏城墙或城门的攻城主要兵器。它是在4轮台车上搭起木架（也有的为了保护推进冲车的士兵，在台车上搭造小楼），在木架上装有一根巨大的撞锤，为了提高冲击威力，撞锤多为铁制。

在攻城时，士兵将冲车推至城墙或城门跟前，用绳索来控制撞锤破花城墙和城门。

冲车最早出现于春秋战国时期，一直被沿用下来。唐朝时的冲车尺寸更大，长达100米以上。一直到清末，太平天国还曾使用冲车攻城。

由于冲车在攻城战中算是一种不可或缺的兵器，因此非常受重视。但是由于它的目标过于庞大，很容易成为敌军集中攻击的目标。

为了增强防御，冲车会在表面加装铁板或者铺设好几层用来防火的皮革。但是由于是要靠人力推动行驶的，移动速度是无论如何也无法提高的。

在防御冲车时，常常会提前挖掘坑道来阻止其前进或者令其掉进坑道后焚毁破坏。

与冲车配合使用的有一种叫做临车的兵器，临车利用自身的高度，从车中直接向城内射击，也可用来接近城墙，破坏女墙，直接攻打城墙上的守敌。车中除了装备有各种长兵器，还常常装载强弩、石炮等重武器。

1 2 3 4 5

冲车的构造

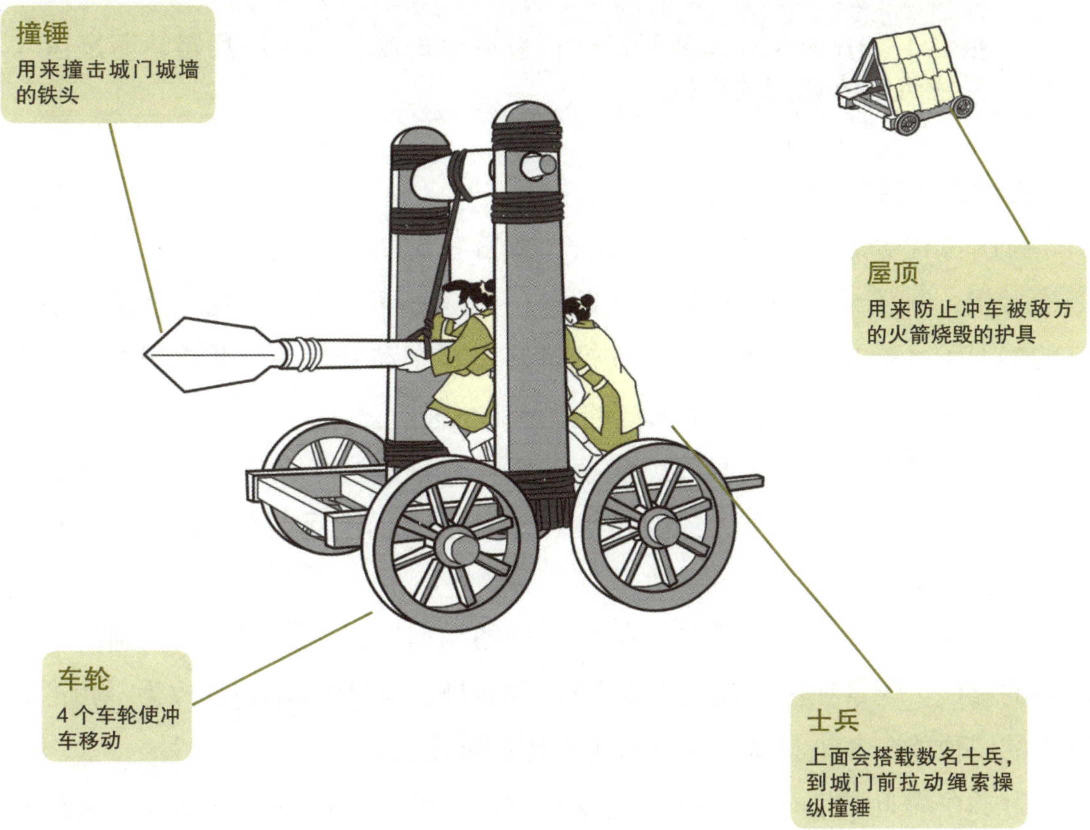

冲车的使用方式

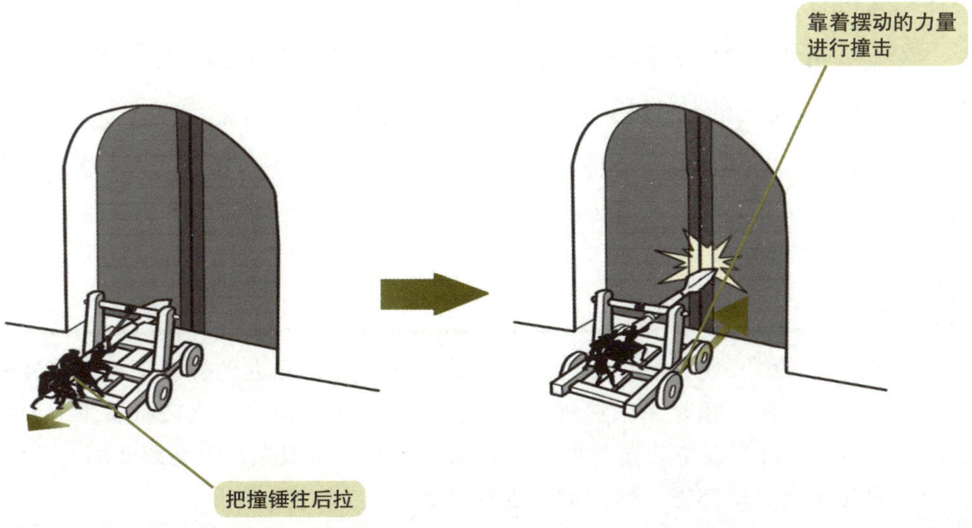

No.020 攻城必备：轒辒车

轒辒（fén wēn）车并不是一种直接攻击敌人的攻城兵器，而是运送士兵靠近敌方城门的车辆。

古代的运兵车

我国古代著名的兵书《孙子兵法》里曾写到：“攻城之法，为不得已。修橹轒辒，具器械，三月而后成；距闉，又三月而后已。”意思就是非不得已的情况下才会攻城，并且要事先准备好轒辒车和其他的一些攻城器械。那么这里面提到的轒辒车究竟是怎样的一种器械呢？

轒辒车早在春秋战国时代就已经被用在攻城战当中，它的主要功能是运送士兵至城墙下。轒辒车大约能容纳 10 名士兵，由士兵在车内自行推动车体前进。

最初的轒辒车顶部是平的，但是这样的构造防御力太弱，因此到南北朝时期的梁代，侯景在围攻建康（今南京）的时候，将轒辒车顶部改为三角形。倾斜的屋顶能分散来自城墙上落石等物体的冲击力。

为了在靠近城墙以后能够迅速发起攻击，轒辒车前方一侧是没有装设盖子的，最前方的防御交由盾牌兵负责。为了防御敌方火箭攻击，轒辒车表面会用牛皮包住，并涂满泥巴。

轒辒车属于大型兵器，因此目标很大，移动速度又慢，等到火器出现以后，它很容易成为敌人的攻击目标，逐渐被从战场上淘汰。

即便如此，在 9 世纪以前，它依然是一种不可缺少的攻城兵器。“修轒辒”这个词也成为进行整军备战的代名词。

在古代的攻城战当中，无论攻城兵器如何发展，靠近地方城下挖掘隧道一直都是攻城的重要方法。轒辒车就是进行攻坚作业的器械，运送士兵安抵城下，并掩护士兵挖掘洞道，或进行其它攻坚作业。这类器械一般都不复杂，但必须坚固，下面是空的，士兵藏在车中推车前进，即所谓「上实下虚」。

輼辒车的外形

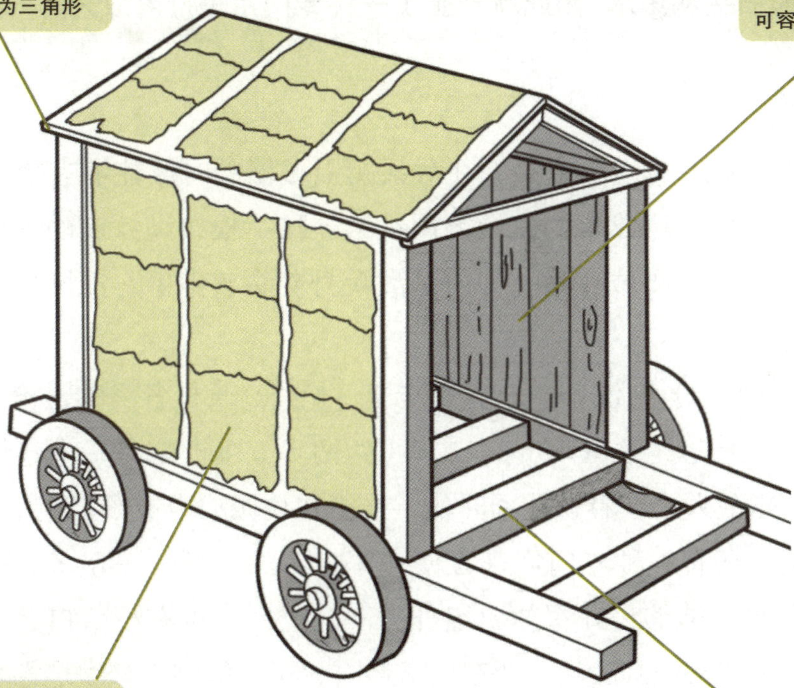

輼辒车的使用方法

靠多人推动前进

抵达目的之后士兵就会冲出来

No.021 守城“扫把”：连挺

在攻城战中，守军会相近一切办法将爬上城墙的敌兵打落，最常见的就是抛投石头和滚木，因此就产生了一种专门用来打落敌人的“连挺”。

何谓连挺?

连挺是守城专用的连枷武器，在敌兵爬上城墙的时候能够有效将敌人打落。连挺是在一根长达数米的长柄上用铁链连接一根布满铁刺的狼牙棒，来回挥动就能有效杀伤爬城敌兵。即便是敌兵身着头盔铠甲，连挺带来的伤害依然是致命的。

《墨子·备城门》中说：“二步置连梃、长斧、长椎各一物；枪二十枚，周置二步中。”意思是说守城时每二步（约两米五）即配备一个连梃，以其密集攻击来打击敌人。在春秋战国时代，连挺在攻城战中被频繁使用。

除了连挺，还有一种专门用来方便守军投石的器械——藉车。藉车装有一个外出的平台，能够将守军伸出墙外，平台上专门设有投落口，可以投掷石块、滚木等击落攀城的敌兵。藉车底部装有轮子，能够沿着城墙左右移动，扩大了攻击的范围，减少了攻击死角。

在藉车上的士兵能够在有掩护的条件下攻击敌人，若是在城墙上同时配备多辆藉车，能够极大地增强城墙的防御力。

在实际的守城当中，连挺、藉车等兵器常常相互配合，对攀上城墙的敌兵以致命伤害。

双截棍可以算是连挺的缩小版，北宋兵书《武经总要》上说：“铁链夹棒，本出西戎，马上用之，以敌汉之步兵，其状如农家打麦之枷，以铁饰之，利于自上击下，故汉兵善用者，巧于戎人。”所谓的铁链夹棒，就是双截棍的前身。突厥、回鹘等游牧民族多使用这种连枷棒，他们将棒做得较短，梢节裹以铁皮，也有的装上尖刺，或直接以铁制作，跨马挥击，用于打击马下面步兵，靠马的冲力和高速挥舞的压力，一旦步兵中棒，足以击碎其头骨，威力很大。

连挺的外形

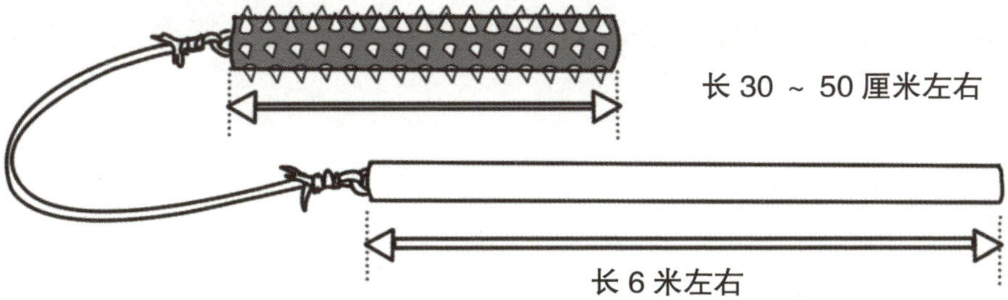

敌兵爬上城墙以后不断挥舞即可有效杀伤敌军。

藉车的结构和优点

优点：

①能够在攻击敌方的同时，保护己方士兵

②可以来回移动，减少攻击的死角

No.022 城门拉锯战专用：刀车

刀车是当敌军攻破城门以后登场的一种兵器，可以算得上是活动的城门。

1
2
3
4
5

布满刀刃的“临时城门”

古代的城墙都是用石块砖块建造而成，十分坚固，但是城门却几乎都是木制。因此在攻城战中，攻城一方往往会集中攻击城门，而守城一方必须时刻为城门被破想好对策。刀车就是守军在城门攻破以后最好的救急兵器。

刀车是一种极为坚固的两轮车，车体与城门几乎等宽，车前有木架三四层，每层都布满尖刀，车体有长辕。当城门被攻破之际，由数十甚至上百士兵猛推刀车塞住城门，既可杀伤敌人，又可挡住敌方的矢、石。这样对方很难攀援，形成活动的壁垒。

还有一种改良型的刀车，在刀车后方有可供士兵站立的车厢，在进行防御的同时，士兵可以站在车后用弓弩等兵器攻击敌人。

同理，在容易遭到破坏的城墙部分也会配置刀车，在城墙出现缺口的地方同理照办即可。

当敌兵攻破城门进入城中以后，攻守双方会在街巷里进行巷战。据记载，有一种和刀车类似的兵器专门适用于巷战当中。如果敌军最终入城，在巷战的时候，守军会推动一辆前端装有大量长枪的车辆来攻击敌人。由于这种车上往往会放置一尊纸糊的老虎，因此也叫做虎车，虎车通常都是单轮车。还有一种与虎车作用一致的双轮车，是在车上放置纸糊的大象，叫做象车。

有一种刀车的发展型，是在城墙的女墙坍塌的时候使用的，叫做女木头。女木头可以在女墙被破坏以后用来填补损毁的部分，发挥掩体的作用。据说它的高度约有 1.85 米，与塞门刀车不一样，上面并没有安装利刃，只是厚板而已。

刀车的结构

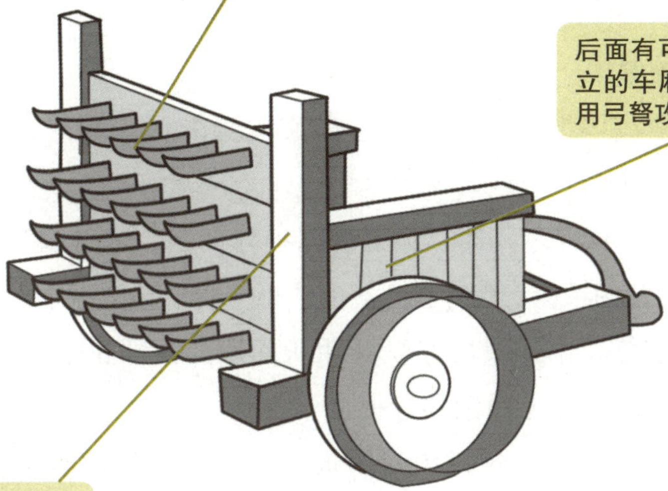
前端布满刀刃，阻止敌人靠近
后面有可供己方士兵站立的车厢，可站在车后用弓弩攻击敌人
车体几乎与城门等宽，能够塞住整个城门

虎车

车体前端装有大量长枪
主要用于城破之后的巷战，由于常常在车上放置纸糊的老虎。

No.023 狼牙拍

狼牙拍是一种守城兵器，它是在一块厚重的板上打上许多钉子，同城墙上抛下重击敌人。

布满钉子的厚板

在对付攀登城墙的士兵时，除了前文提到的藉车和连挺，还有一种大威力的兵器——狼牙拍。

在我国古代，有许多武器、兵器都以狼牙命名，这是因为这些武器、兵器上布满了形似狼牙的铁钉，狼牙拍正是其中的一种。狼牙原本是一种叫做“殳”的武器。《水浒传》中的梁山好汉秦明所使用的兵器正是殳，由于殳上布满了狼牙状的铁钉，因此也叫做狼牙棒。

狼牙拍是一块长宽都超过 1 米的板（木板和铁板都有），在板上打满被叫做“狼牙钉”的铁钉。使用的时候从城墙上往下抛掷，用来拍落正在攀登城墙的敌兵。在狼牙拍四角处装有铁环，用绳索穿过铁环将其吊挂在城墙上，每次抛掷以后可以通过绞车拉起，再次使用。

与其他守城兵器一样，想要仅仅凭借狼牙拍来阻止敌人是远远不够的。如果敌人已经趁着空隙爬上城墙，那么藉车、狼牙拍等守城兵器就已无用武之地，只能依靠守城的士兵与敌人进行白刃战来保卫城池了。

另外，在《墨子》中还提到一种与狼牙拍相配合使用的设施，可以在城墙正下方打上大量削尖的木桩，来阻止敌人靠近城墙。

明茅元仪《武备志·器式》：“狼牙拍，用榆槐木枋造，长五尺，阔四尺五寸，厚三寸。以狼牙铁钉数百个，皆长五寸，重六两，布钉于拍上，出木三寸，四面嵌一刃刀，四角钉环，以绳滑绞于滑车，钩于城上。敌人蚁附攻城，扯起拍落下，自难攻也。”

狼牙拍的结构

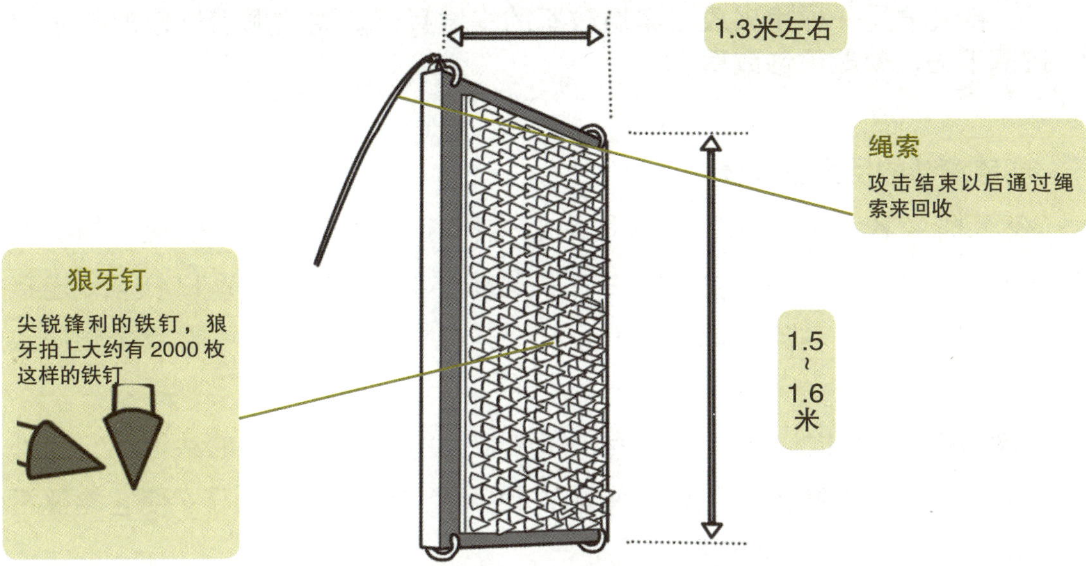

狼牙拍的使用方法

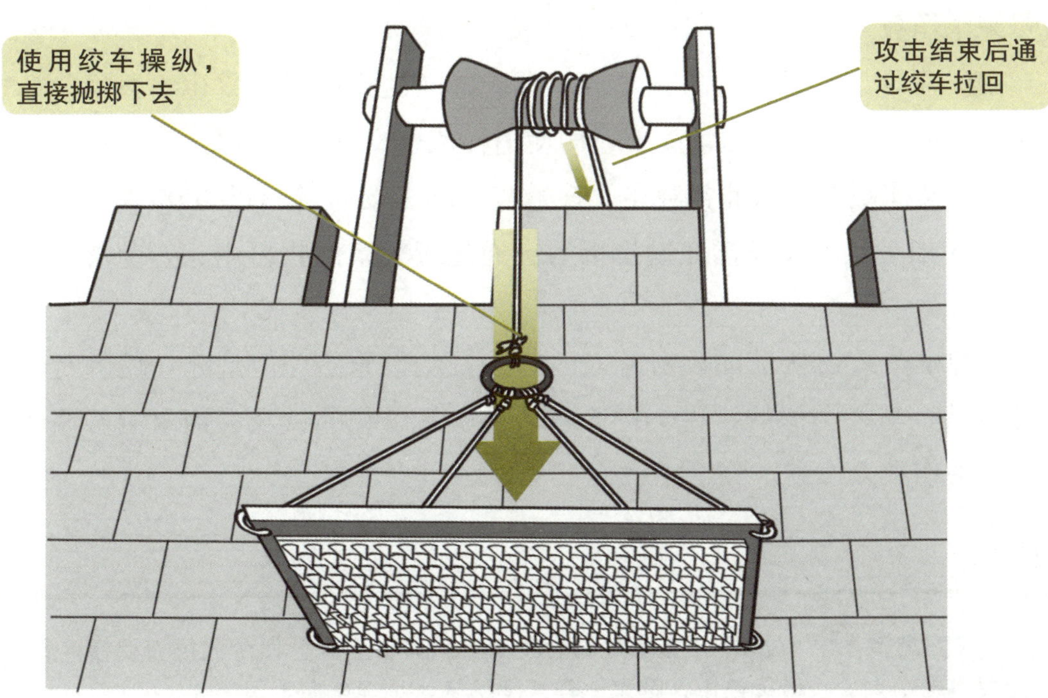

No.024 夜叉檑

夜叉檑是一种用来攻击攀城敌军的守城兵器，将它顺着城墙的斜面滚落下去，就能重创敌军。

能够滚动的巨大狼牙棒

夜叉檑又名“留客住”。这种武器是用长约 3 米，直径 30 厘米的湿榆木为滚柱，周围密钉“逆须钉”，钉头露出木面 15 厘米，系以铁索，连接绞车上，当敌兵聚集城墙脚下时，投入敌群当中，绞动绞车可将敌人碾压致死。

夜叉檑与狼牙拍一样，都是装设在城墙上用来打落敌兵的兵器。它的外形就像一根巨大的狼牙棒，滚木两端安设直径 60 厘米的轮子，使它能够沿着城墙滚落而又不至于戳到城墙。

这种兵器在春秋战果时代就已经广泛使用，除了布满铁钉的夜叉檑，还有泥檑、石檑等同类型兵器。不过泥檑、石檑上没有铁钉，都是单纯地凭借重量来杀伤敌人。

在一开始，泥檑、石檑只要推落城墙砸向敌人就可以，也不再回收。这是因为泥檑、石檑制作比较简单，即使消耗掉也没有多大损失。

而夜叉檑制作起来非常耗工，多数夜叉檑上要打满超过 2000 颗钉子。因此和狼牙拍一样，夜叉檑在抛掷以后会通过绞车来回收再用，避免落入敌人手中。

这种推落重物从顶部攻击敌人的方法虽然很原始，但是在守城的时候却十分奏效。与之类似的，还会把开水，甚至是熔化的铁水、铜水沿着城墙倒下去来杀伤敌人。

《水浒传》第十九回：看那船时，每支上只有五个人，四个人摇着双橹，船头上立着一个人。头带绛红巾，都是一样红罗绣袄，手里各拿着留客住。

1
2
3
4
5

夜叉檑的构造

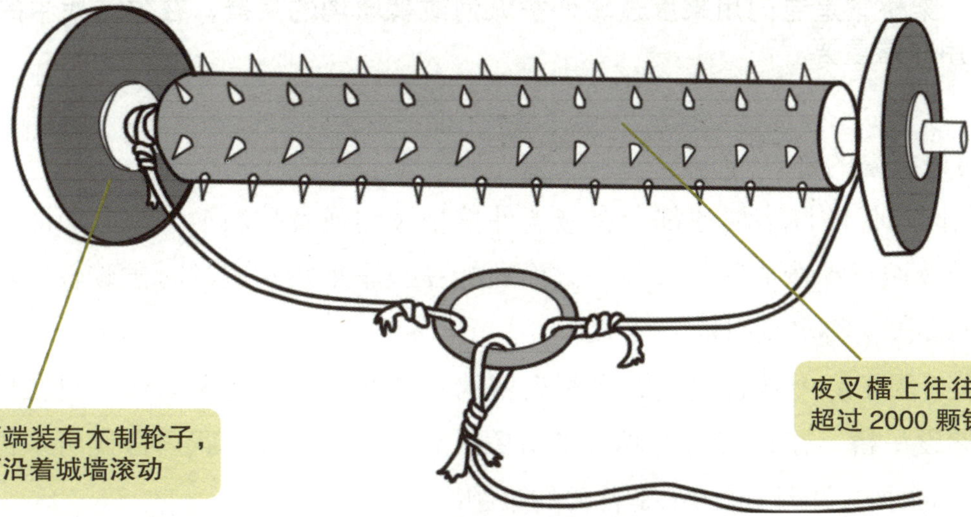
两端装有木制轮子，
可沿着城墙滚动
夜叉檑上往往打满
超过 2000 颗铁钉

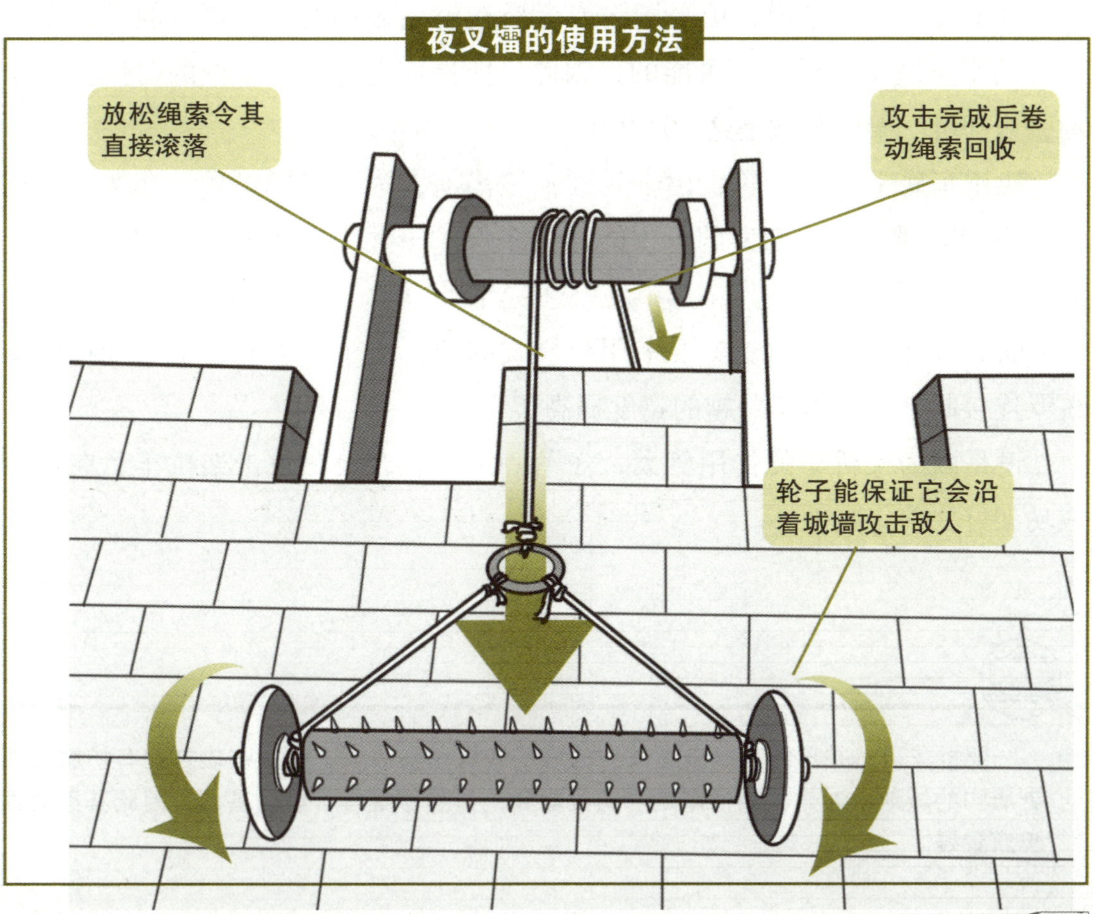
夜叉檑的使用方法
放松绳索令其
直接滚落
攻击完成后卷
动绳索回收
轮子能保证它会沿
着城墙攻击敌人

1
2
3
4
5

No.025 跨沟越壕：架桥车

架桥车是专门用来度过城外护城河或者壕沟的兵器，在攻城战中的作用非常重要。

可以折叠的桥

我国古代的许多城池都会在城墙外挖掘壕沟或者护城河，一方面能够对敌军的攻城行动造成障碍，另一方面还能在敌军采用水淹的时候减轻对城墙墙体的冲击，将水流引走。

在《墨子》中就曾提到，在距离城墙6米的地方要挖掘壕沟，只在城门前面架设吊桥，在打仗的时候就将吊桥吊起。正是如此，我国古代历来进行攻城战的时候，跨越壕沟都是首要的难题。

对于攻城一方来说，填平壕沟或者搭造桥梁显得尤为重要。但是想要在对方的眼皮底下建桥是不可能的，因此只能提前造好，在攻城的时候搬到壕沟旁边即可。架桥车就是这样产生的。

架桥车底下装有车轮，由士兵推到壕沟前，为了保护士兵，在架桥车尾端还设置有盾牌。这面盾牌不仅能够用来保护士兵，还能起到维持桥梁平衡的作用。

面对太宽的壕沟时，就要采用折叠式的架桥车了。它通过旋转轴将两座桥梁连接起来，相当于跨越的宽度提高了一倍。

正是因为架桥车的作用巨大，守军一定会想方设法攻击架桥车，在桥梁成功架好之前将其破坏。

架桥车虽然并不能直接破坏敌方的城墙或者杀伤敌人，但是在攻打拥有护城河或者壕沟的城池的时候，架桥车是一切兵器和人员能够继续行进的基础，因此其重要性毋庸置疑。

架桥车的结构

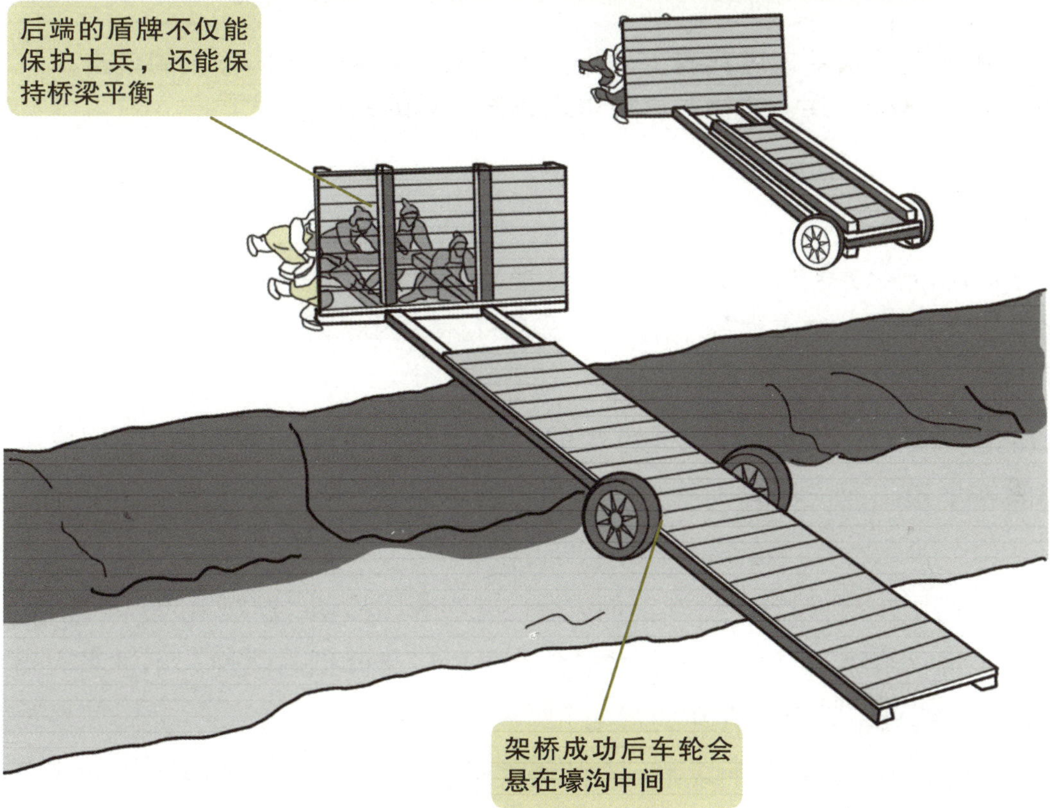

折叠式架桥车

No.026 攻城木幔与守城布幔

搭乘在云梯等攻城兵器上的士兵很容易受到来自城内守军的攻击，为了保护这些士兵，“幔”这种用来保护士兵的兵器出现了。

超大型盾牌

由于在云梯等攻城兵器上并没有盾牌等防御兵器，因此爬上梯子的士兵几乎是全无防备，会成为敌军绝佳的攻击目标。因此，“幔”这种用来保护士兵的兵器就应运而生了。

所谓“幔”，简单来说就是巨大的盾牌，木制的幔成为木幔，而以麻绳等材料密集编织而成的幔则称为“布幔”。木幔多是用于攻城，而布幔则是用于守城。除此之外，还有竹子制作的竹幔。

幔在使用中，会设置于台车上面，并且能够来回移动，发挥出盾牌的作用。为了防止被火箭纵火烧毁，在上面也会涂上泥巴来降低易燃性。不过当火器出现以后，幔就不再具有存在的意义了。

幔不仅能够防御箭矢的攻击，有的幔甚至能够抵挡投石机和床弩的攻击，足见其在保护士兵方面的作用。

幔在春秋战果时期就已经开始使用，《墨子》中将其称为“苔”，到了东汉时改称为“幔”。

公元546年，东魏武将高欢在进攻西魏的时候，双方就曾使用木幔和布幔。

《宋书·武帝纪上》：“张纲治攻具成，设诸奇巧，飞楼木幔之属，莫不毕备。”《通典·兵十三》：“以板为幔，立桔槔于四轮车上，悬幔逼城堞间，使趫捷者蚁附而上，矢石所不能及，谓之木幔。”

《通典·兵五》：“布幔，复布为之，以弱竿悬挂于女墙八尺，折抛石之势，则矢石不复及墙。”

各式不同的幔

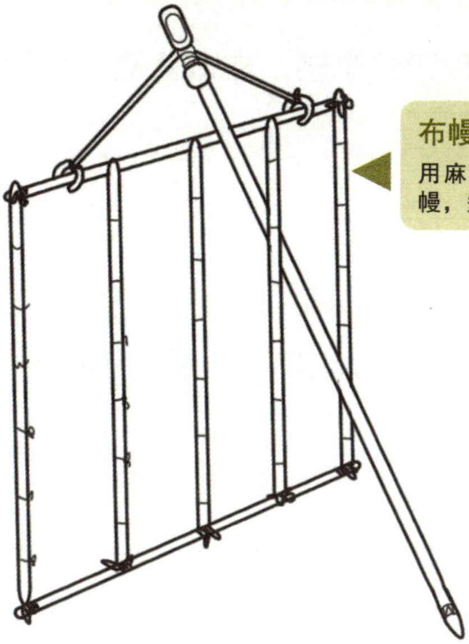

布幔

用麻绳编制而成的厚幔，多用于守城

竹幔

竹子制成的幔

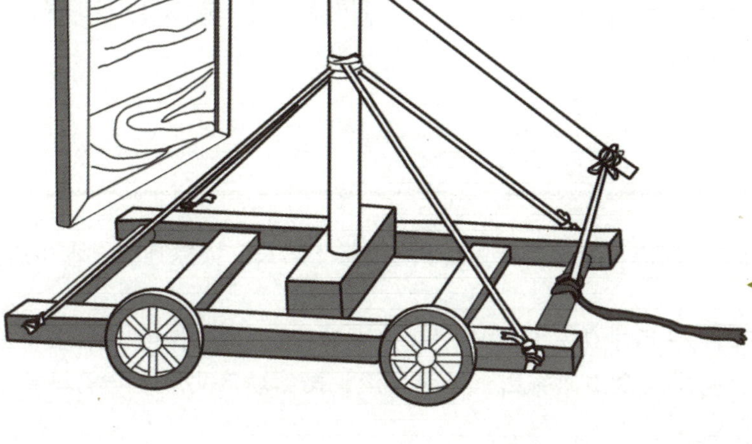

木幔

木制的幔，多用于攻城中。会架设在台车上来回移动

No.027 木牛流马真的存在吗

木牛流马据说是诸葛亮发明的一种运粮车辆，在诸葛亮北伐的过程中保证了蜀军的粮草供应。

运粮车

军粮在战争中的巨大作用毋庸置疑，无论战况如何，一旦军粮告竭，就只能被迫撤退了。尤其是运输方式单一的古代，粮草的补给往往会成为左右战局的关键。

公元228年，诸葛亮北伐曹魏，但是面临着粮草运输困难的问题。为此，诸葛亮发明了一种称为木牛的运输工具。木牛是一种从前方牵引，全长约1.4米左右的独轮车（也有说法认为是双轮车），每辆木牛能搭载一名成人一年的粮食份例。由一人拉车、三人推车的方式前进，即使一天行进数十里也不觉疲劳。

公元234年，诸葛亮第五次北伐。由于上次北伐的路线已被魏军重重布防，这次只能选择更加险峻的路线，单靠木牛已经不能保证粮草的运输了。因此，诸葛亮又发明了一种称为流马的运输工具。

流马是一种手推式独轮车，装有货架，每次能容纳将近100斤的米包，运输量比木牛要少，但是更适合险峻的道路。

虽然依靠这两种工具解决了蜀军的粮草运输问题，但是由于国力差距太大，诸葛亮的北伐最终失败。

1. 晋·陈寿《三国志·蜀志·诸葛亮传》：“亮性长于巧思，损益连弩，木牛流马，皆出其意。”

2。晋·陈寿《三国志·后主传》记载：“建兴九年，亮复出祁山，以 木牛运，粮尽退军；十二年春，亮悉大众由斜谷出，以流马运，据武功五丈原，与司马宣王对于渭南。”

木牛的结构

能够搭载一名成年人一年份例的军粮
据说是靠四人推动的独轮车

流马的结构

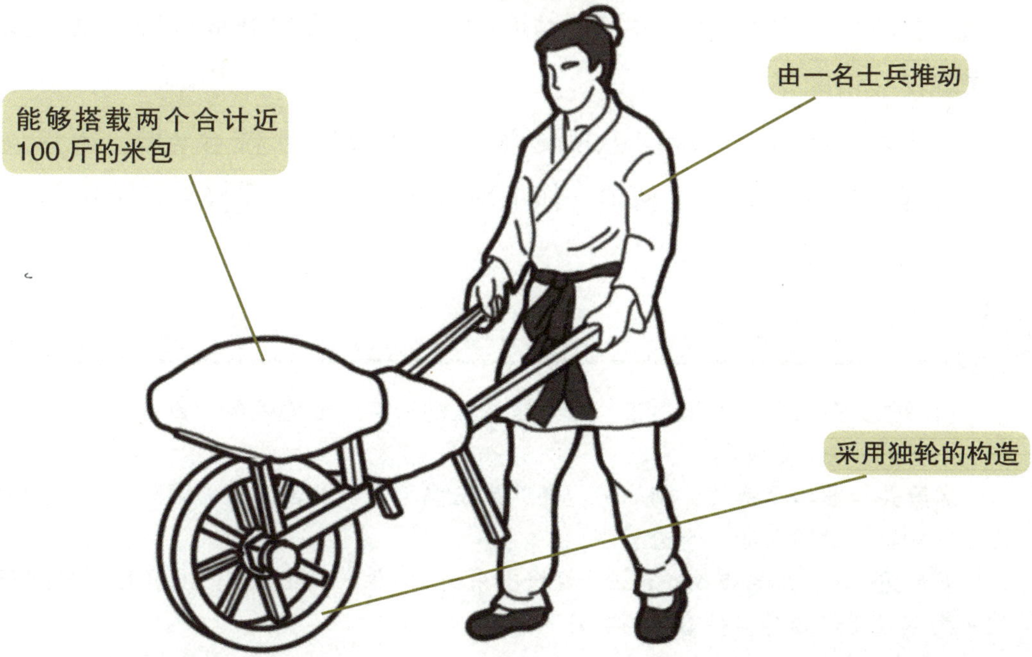
能够搭载两个合计近100斤的米包
由一名士兵推动
采用独轮的构造

No.028 什么是关城

关城是为了增加城池的防御而建造的设施，一般建于城门前方，阻止敌军靠近城门。

1 2 3 4 5

城池的防御型设施

在我国古代，几乎每一座城市都会在周围建造其高高的城墙，防止敌方轻易攻陷城池，防御的重点也都集中在城市周围的城墙之上。尤其是最薄弱的城门，往往会想方设法来增加防御强度。

关城就是其中的一种。它是用来封锁城门的小型要塞，上面建有和城墙一样的女墙，能够从上面对来犯之敌发起攻击。关城出现于春秋战国时代，攻城一方来到城下，首先就会被关城所阻挡。因此如果没攻下关城，根本无法抵达城门。

随着历史的发展，关城逐渐演变成了建筑于重要关卡之上的要塞。例如山海关、居庸关等。

还有一种增加城墙防御的设施就是马面。它是城墙上向外侧突出的结构，士兵在马面上能够从侧面攻击靠近城墙的敌人。后来发展成设置在城墙的四角用来观察敌情的楼阁。

除此之外，在城墙的壕沟边缘设置的稍矮的城墙叫做羊马城，等到敌兵准备跨越壕沟的时候，就能从羊马城上对其实施攻击。羊马城前方的壕沟里会布满削尖的木桩。

山海关：在河北省秦皇岛市，是万里长城的起点，形势险要，自古为交通要冲，有"天下第一关"之美称。

居庸关：旧称军都关、蓟门关。在北京市昌平县西北部，长城要隘之一。控军都山要塞中枢，地险关雄，十分壮观。

嘉峪关：在甘肃省嘉峪关市西。嘉峪山东南麓，为长城终点。依山筑关，居高凭险，自古为东西交通要冲，被誉称为"天下雄关"。

增加城墙防御的设施

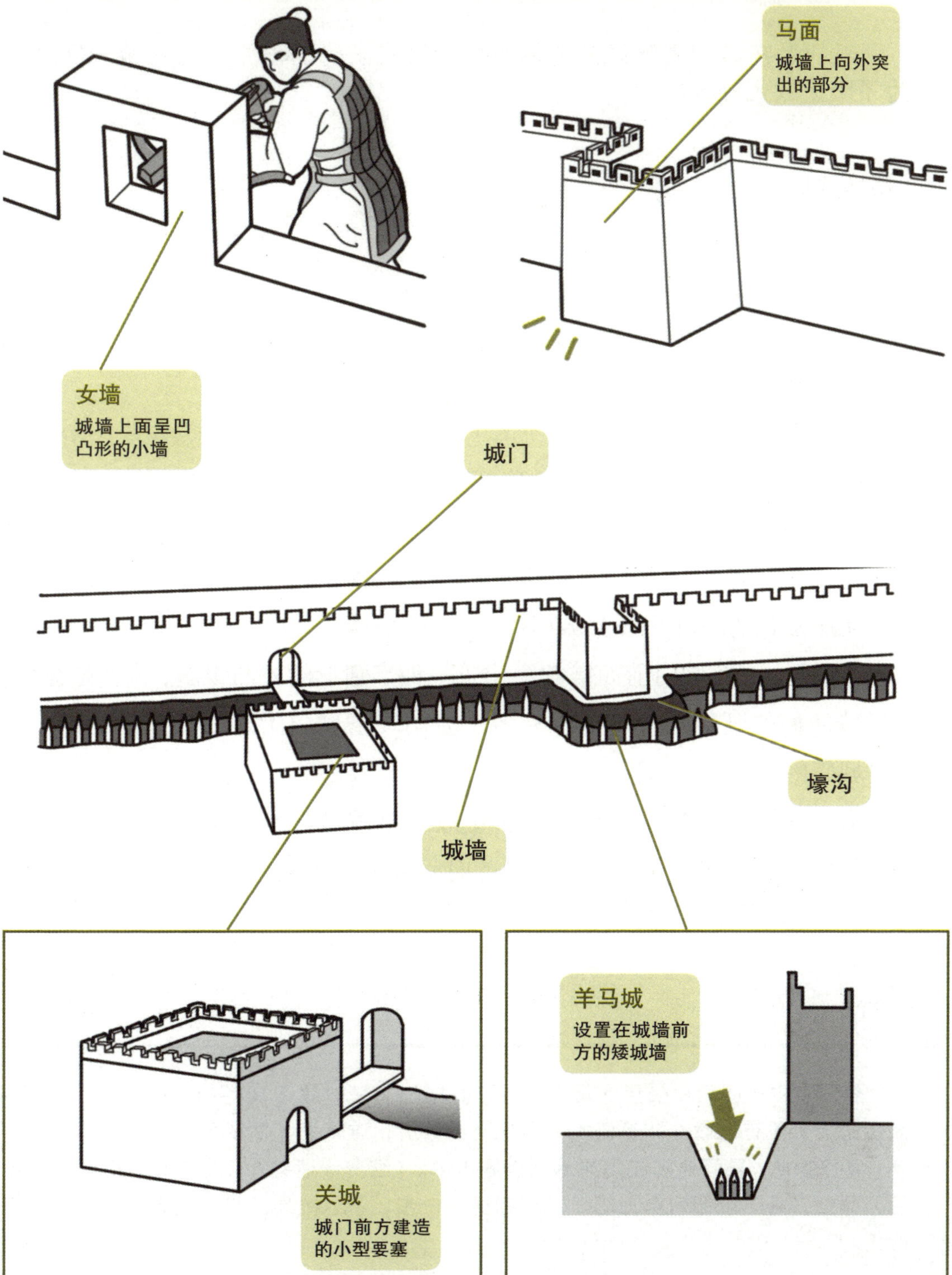
马面
城墙上向外突出的部分
女墙
城墙上面呈凹凸形的小墙
城门
壕沟
城墙
羊马城
设置在城墙前方的矮城墙
关城
城门前方建造的小型要塞

No.029 悬门

悬门是在城门内侧设置的用来增加城门防御的设施，与关城一样是为了阻止敌人轻易破门。

吊挂式城门

古代对于城门防御极为看重，因此围绕城门建造了各式各样的防御系统。悬门就是其中一种。

悬门是从城门内侧加强城门的兵器，它是一块在表面铺有铁板的厚重门板。它依靠滑轮在城门内侧的纵向滑槽上下移动，能够挡住门洞。

即便攻城一方攻破城门，悬门仍然能够阻挡他们一阵。虽然厚度不及城门，但是因为表面铺有铁板，并不容易攻破。

除此之外，还有一种防护系统，在城门前面盖起一座大墙，将城门遮挡起来，这堵墙叫做护城墙。它能够阻止冲车等攻城兵器靠近城墙，甚至能够在敌人无法发觉的情况下开关城门。

从三国开始，在城门前面常常会构筑一种半圆形的外凸设施，这就是瓮城，属于城墙防御的延伸。瓮城能够从各个方向攻击城门附近的敌人，借以分散敌兵对城门的攻击。

但是，任何设施都不能绝对地防止敌人攻破城门，只是在一定程度上缓解城门的压力，为守城一方争取足够的时间来消灭敌人。

1
2
3
4
5

悬门在古代城门中使用非常广泛，平时挂起，有警时放下，以便加固防守。《旧唐书·太宗纪上》曾有记载："悬门发，老生引绳欲上，遂斩之，平霍邑 。"

不仅如此，悬门也被应用在水利设施当中。《续资治通鉴·宋太宗雍熙元年》："维岳乃命创二斗门于西河第三堰，二门相逾五十步，覆以夏屋，设悬门畜水，俟潮平乃泄之。"

悬门

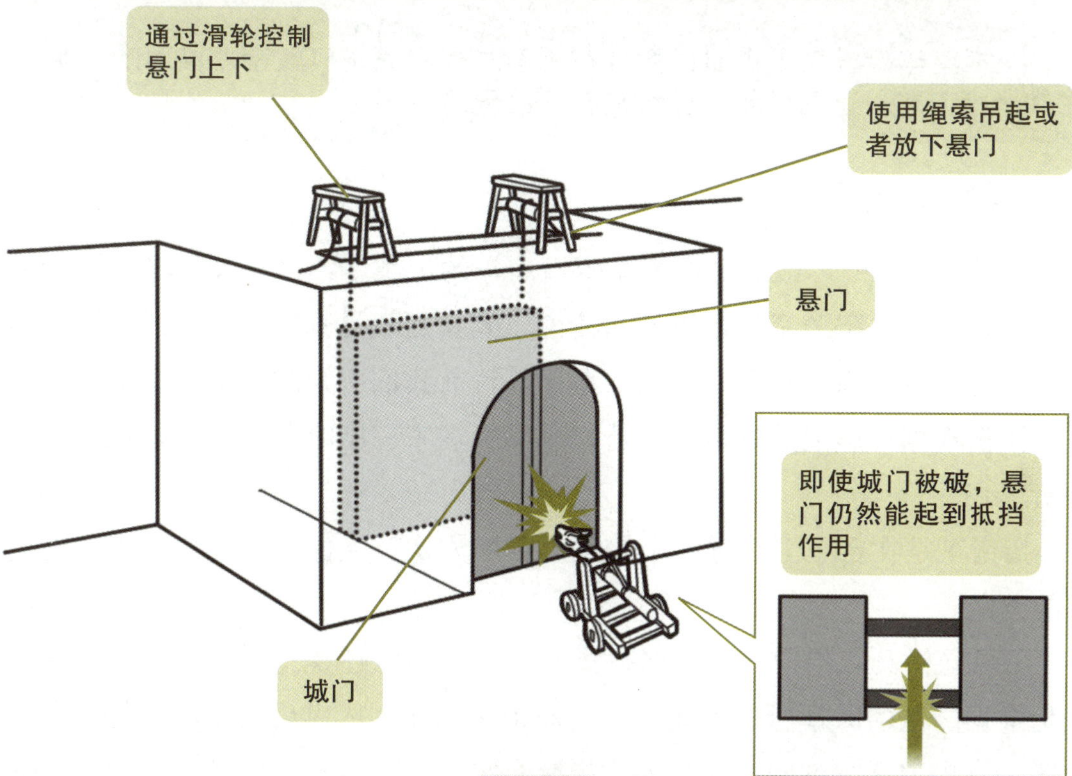
通过滑轮控制
悬门上下
使用绳索吊起或
者放下悬门
悬门
城门
即使城门被破，悬
门仍然能起到抵挡
作用

瓮城

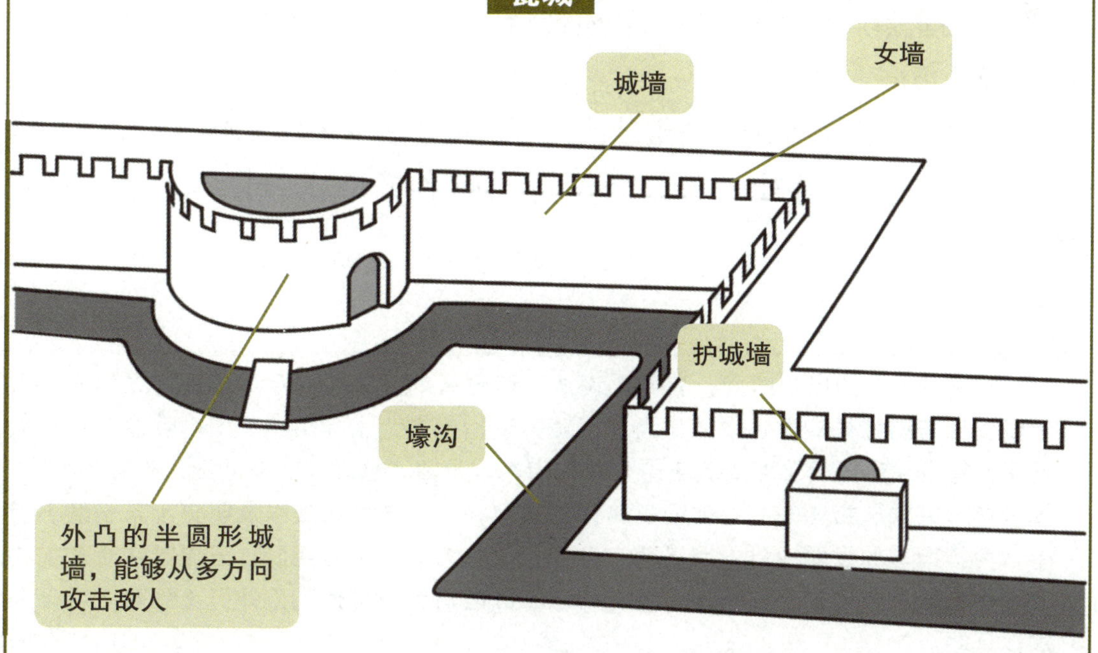
城墙
女墙
护城墙
壕沟
外凸的半圆形城
墙，能够从多方向
攻击敌人

No.030 黄帝的指南车

指南车传说是上古时代黄帝在涿鹿之战中为了打败蚩尤发明的。事实上指南车一直到公元 2 世纪左右才出现的。

大型“指南针”

在《史记》中，最早出现了关于指南车的记载，不过这仅仅是来源于人们口口相传的关于黄帝打败蚩尤的传说。究竟是不是真的早在公元前两千多年前就已经有了指南车，已经无法考证。目前我们所知的最早的指南车是东汉时张衡根据涿鹿之战的传说制造出来的，后来三国时曹魏的马钧也制成过指南车。

指南车是在台车上装置一个抬起手臂的人像，人像的手会持续指向设定好的方向。

虽然同样具有指向作用，但是指南车和指南针还是有很大区别的。指南针是根据磁铁的原理感应南北方向，而指南车在制成以后需要设定好方向，才能一直指定这个方向。这是因为指南车采用的是齿轮的原理，设定好方向以后，指南车指向会根据车轮的转向带动齿轮转动来改变指向，而不是依靠磁场来感应方向。

根据已知的资料显示，指南针的出现甚至还要早于指南车，早在西汉甚至战国时代，就已经出现了利用磁场来感应方向的司南，可以算得上是指南针的鼻祖。

关于指南车的出现时间，有四种说法：西晋崔豹所著《古今注》及《志林》等古籍说黄帝与蚩尤作战时，蚩尤作大雾，黄帝造指南车为士兵领路；《古今注》及《鬼谷子》等古籍说周公（即周武王弟）作指南车，是因“越裳氏”来进贡，迷失了归路，周公造“五乘”指南车，为他们引路；刘仙洲在《中国机械工程发明史（第一编）》中认为指南车的发明应以古籍《西京杂记》记载为据，定为西汉；王振铎在所著《科技考古论坛》中说“创造指南车者，当以三国时马钧为可信”，并引《魏略》所记来加以证明。

指南车

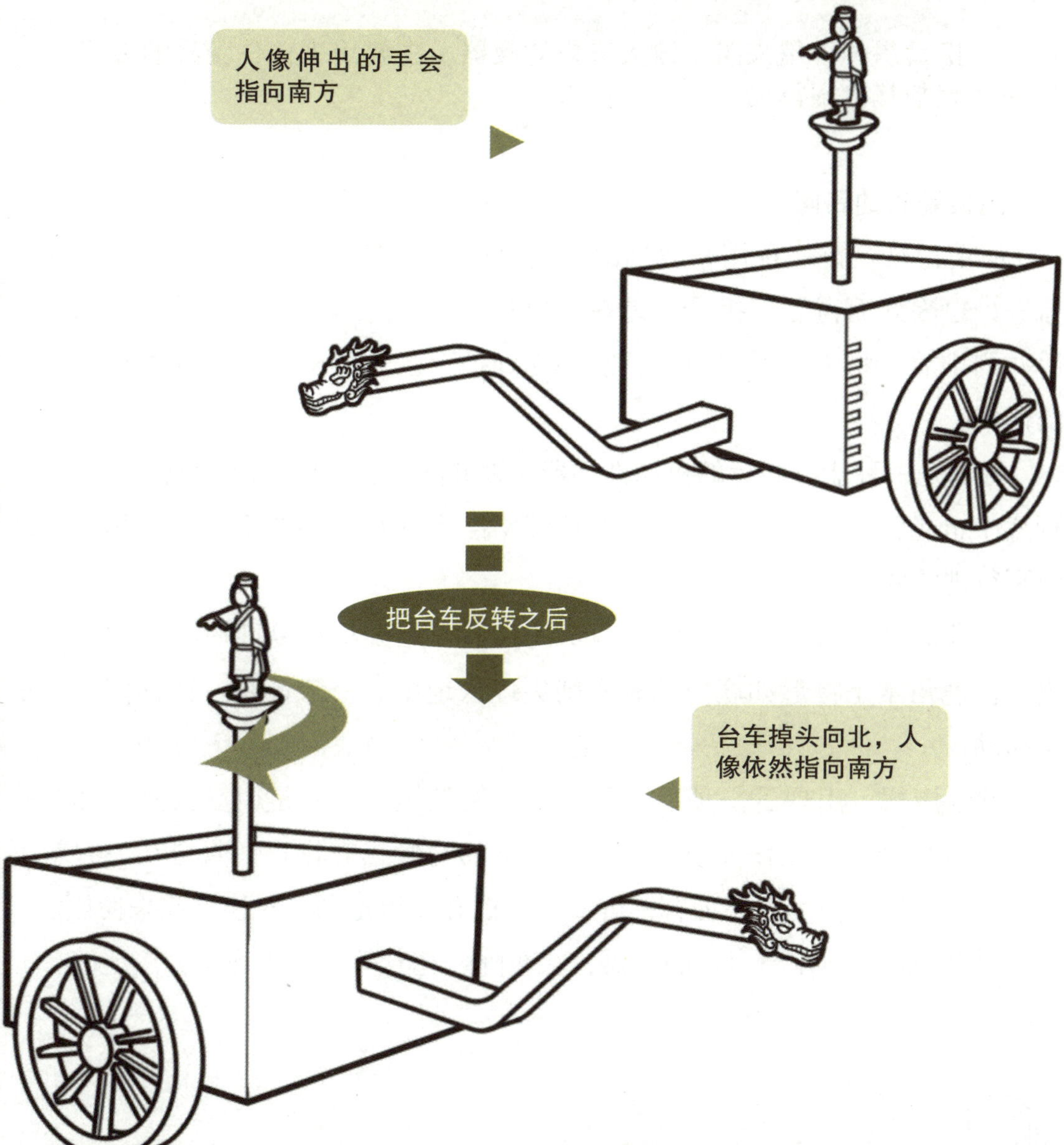

指南车的历史

- 传说中黄帝曾经制造
- 司马迁《史记》中被提到
- 东汉张衡根据传说制成指南车
- 三国时马钧制成指南车

No.031 防御骑兵的拒马

拒马是一种用来阻止敌人进攻的兵器，主要用来挡住骑兵的去路，在古代战场上很常见。

阻挡骑兵的路障

所谓拒马，是一种用来阻挡敌人进军的防御型兵器，主要用于阻挡骑兵前进，也因此而得名。拒马多是在一根长约 3 米的木桩上插入数根长枪，然后并列排放，将枪尖朝向前方，能够起到护卫己方阵营，阻挡敌军骑兵突袭的作用。

拒马是一种能够搬运的机动性兵器，因此除了在城内或者营地使用以外，野战中也经常使用，一般会摆放在预计中敌人的行军路线上，能够起到延迟敌军行进的效果。

拒马最早起源于一种叫做鹿角木的兵器，据说早在夏商周的时候就已经出现。鹿角木是将形如鹿角的树木削尖埋入地中，一般都是一次性使用，很难移动。

到了唐代，出现了一种易于移动的轻便型拒马。它是由三根两端都有枪尖的枪绑束在一起制作而成的，需要移动的时候只需将它们收合在一起就可轻易携带。这种拒马上还加有锁链，可以把好几组拒马同时连接起来使用。

像拒马这种当作障碍物的兵器，在布阵、扎营等方面用途十分广泛。

战国墨家将拒马叫做“锐镵”，《墨子》中专门有一篇《备蛾傅》论“锐镵”战法：蛾傅者，敌军士兵飞蛾蚂蚁般涌来也，当此时，沿途布锐镵五行，行间距三尺，根部埋三尺，尖锥长尺五，可阻敌前进。战国中期，拒马发展为铁矛为头，即拒马枪，以坚实木料为固定支架，架上再固定 6 到 10 支铁矛，遍布敌来路使其骑兵不能驰骋。

1 2 3 4 5

拒马与轻便型拒马

拒马

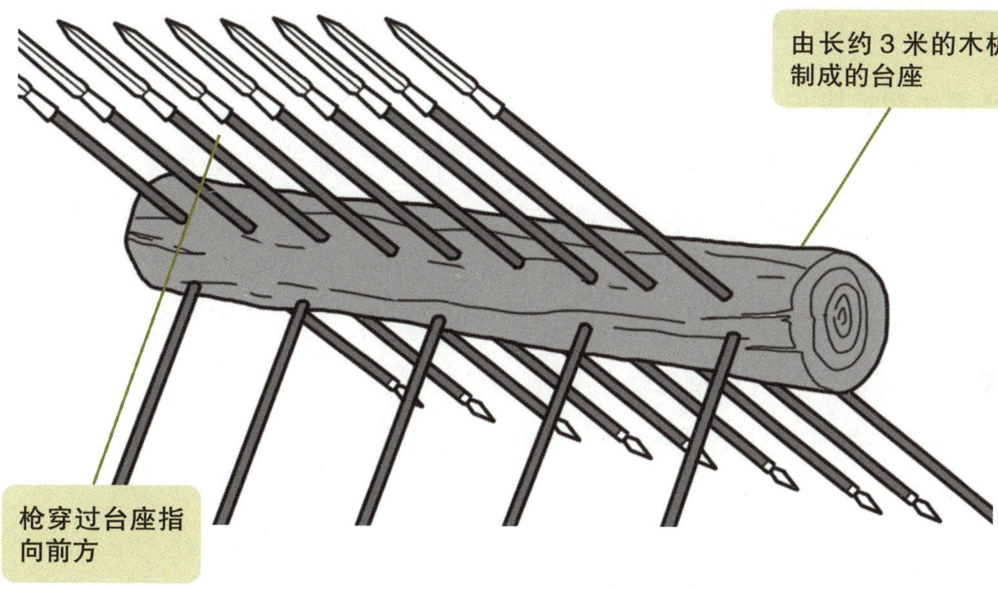

唐朝时的轻便型拒马

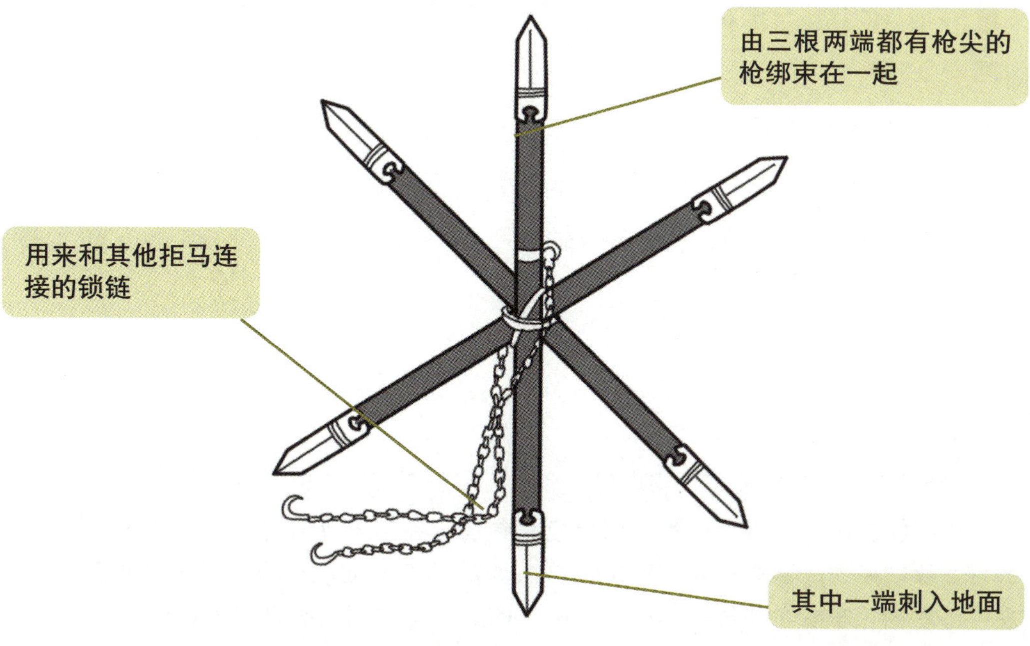

No.032 商周时期的战车和秦汉时期有何不同

在公元前1000多年的商朝，战车就已经出现，一直到秦汉时，战车仍然驰骋在疆场上。

商周时期的战车

商周时的战车多为木制两轮车，在车轴等重要部位会使用青铜。一般车辆由四匹马牵引，搭乘三人，一名驭手，一名弓兵，一名手持长柄武器的士兵。三人中，左侧的弓兵叫做车左，又称甲首，负责指挥战车；手持长柄武器居右侧的士兵称为车右，也叫参乘，一般手持戈或者矛，是战斗的主力；居中的驭手称为御者，随身只携带防御用的短剑。

商周时，战车一直是战场上的主力，投入战车部队的多少，基本就能决定战斗的胜负。

秦汉时期的战车

秦汉时由于常与北方匈奴作战，骑兵已经成为军队的主力。到了这时，战车已经成为将领们指挥战斗的场所。在战场上，将领坐在战车上在军阵后方指挥。

正是因为战车作用的下降，战车的外形也发生了变化。秦汉时期的战车仅有一匹马来牵引，搭乘的人员只有驭手和负责指挥的将领。

到了三国以后，战车已经完全转变为货车，只能在运送粮草方面发挥自己的作用了。

1
2
3
4
5

在中国古代战争中，何时开始用战车参战，并不十分清楚。有人从夏启伐有扈氏的甘之战前所作《甘誓》说，军中有“左、右、御”之名，认为是指车上位于左侧（车左）、右侧（车右）和居中驾车（车御）的武士，推测当时已使用战车。

商周战车与秦汉战车

商周时期的战车构成

秦汉时期的战车构成

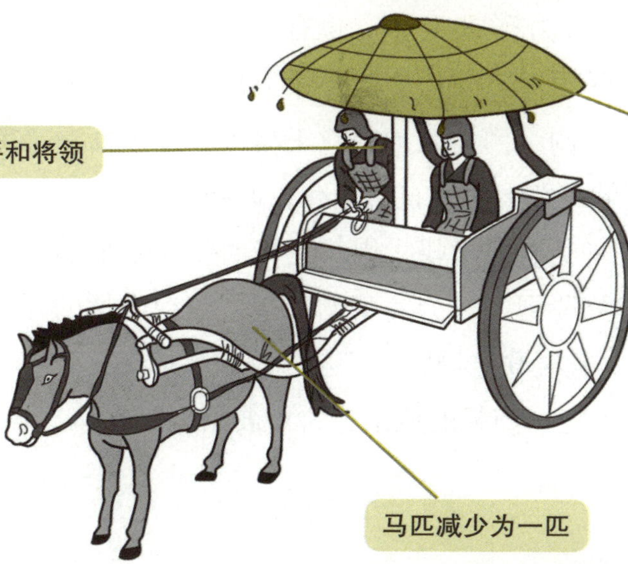

商周战车与秦汉战车的区别

商周时的战车		秦汉时的战车
马 :4 匹	马的数量	马 :1 匹
有	强弱	无

No.033 商周战车战役：牧野之战

牧野之战是商周正面进行决战的大战役，这次战役使得延续了五百余年的商王朝覆灭。

当时最大的战车会战

牧野之战是古代车战的著名战役，最终取得胜利的周武王也因此覆灭了商朝，商纣王败退后自焚于鹿台。

在这场战争当中，周武王亲率战车三百乘，虎贲（精锐武士）三千人，以及步兵数万人，与庸、卢、彭、濮、蜀、羌、微、髳等部族会合后，联军总数达 4.5 万人。

而纣王惊闻周军来袭，因此时商军主力远在东南地区，无法即时征调，只好仓促武装大批奴隶、战俘，连同守卫国都的军队，开赴牧野迎战。据《史记》记载，纣王出动的总兵力有 70 万人，也有一些文献说是 17 万。

在战前，周武王曾下达每前进几步就要停下来调整队列的命令，整支大军整齐划一，在气势上压倒了商军，加上纣王暴虐，许多商军阵前倒戈。纣王见大势已去，败回朝歌，登上鹿台自焚而死，商朝灭亡。

但牧野之战并没有完全消灭商朝，周武王将商朝原领地的一部分作为帝辛之子武庚的封地，建立殷国，作为商朝的延续，商朝南征的军队也没有被完全消灭。周武王死后，武庚联合周室的管叔、蔡叔、霍叔发动“三监之乱”，最终被周公旦和周成王平定，商朝的残余势力才被完全消灭。

牧野之战是中国历史上以少胜多，以弱胜强，先发制人的著名战例，也是中国古代车战初期的著名战例。它终止了六百年的商王朝，确立了西周王朝的统治，为西周时期礼乐文明的全面兴盛开辟了道路。牧野之战中所体现的谋略和作战艺术，也对中国古代军事思想的发展具有不可低估的意义。

1 2 3 4 5

商周疆域图示

商周之间的位置关系

战车之间的战斗

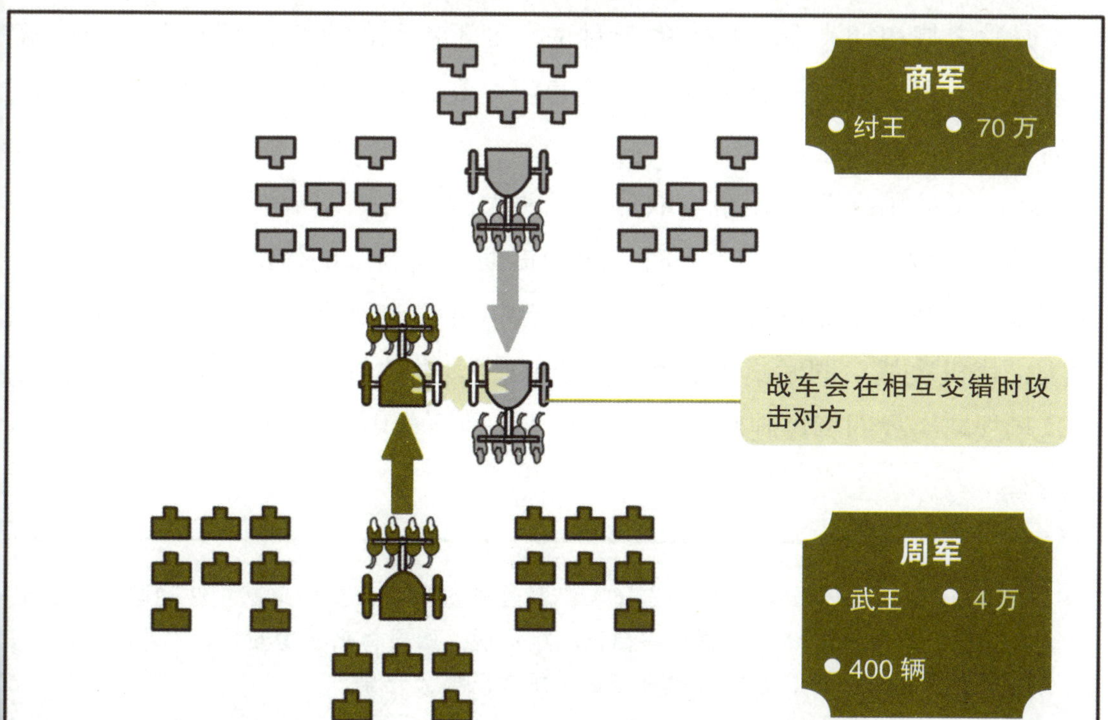

No.034 春秋战车战役：城濮之战

城濮之战发生于战车巅峰期的春秋时代，晋、楚双方都投入了大量战车，最终采取了合适战术的晋国获胜。

战术的胜利

周平王东迁以后，周王室式微，各诸侯国之间纷争不断。公元前632年四月初四，楚军和晋军在城濮（今山东鄄城西南）交战，在这场战役中，晋军投入了战车700乘，战车战至此达到顶峰。晋文公兑现当年流亡楚国许下"退避三舍"的诺言，令晋军后退，避楚军锋芒。子玉不顾楚成王告戒，率军冒进，被晋军歼灭两翼。楚军大败。

晋军在秦、齐军声援下配置为上、中、下三军；楚军以陈、蔡军为右军，申、息两军为左军，主力精锐为中军。晋军首先击溃了较弱的陈、蔡两军；并佯装撤退引诱楚左军进击，尔后回军与中军实施合击，又将申、息两军击溃。

楚军统帅子玉见左、右军皆败，率中军和左、右军残部退回楚国途中自杀。

城濮之战初期，晋军兵力劣于对手，处于不利的地位。但是晋文公能够善察战机，虚心采取先轸等人的正确建议，先行攻击较弱的楚军右翼，取得以后作战的前进基地。

随后又运用高明的谋略争取齐、秦两大国与自己结成统一战线，争取了战争的主动权。当城濮决战之时，敢于贯彻后发制人的作战方针，主动"退避三舍"，避开楚军的锋芒，以争取政治、外交和军事上的主动，诱敌冒险深入，伺机决战。同时集中起相对优势的兵力先攻打敌人的薄弱环节，获得了这场战略决战的辉煌胜利，成就了晋文公中原霸主的地位。

春秋时期《左传·僖公二十三年》：晋公子重耳（晋文公）逃亡在楚国时，楚王收纳了他，楚王问他将来怎样报答自己。重耳说，如果将来晋楚交兵，"退避三舍"。后来晋楚在城濮交战，晋文公遵守诺言，把军队撤九十里。

城濮之战图示

春秋时代的各国

城濮之战

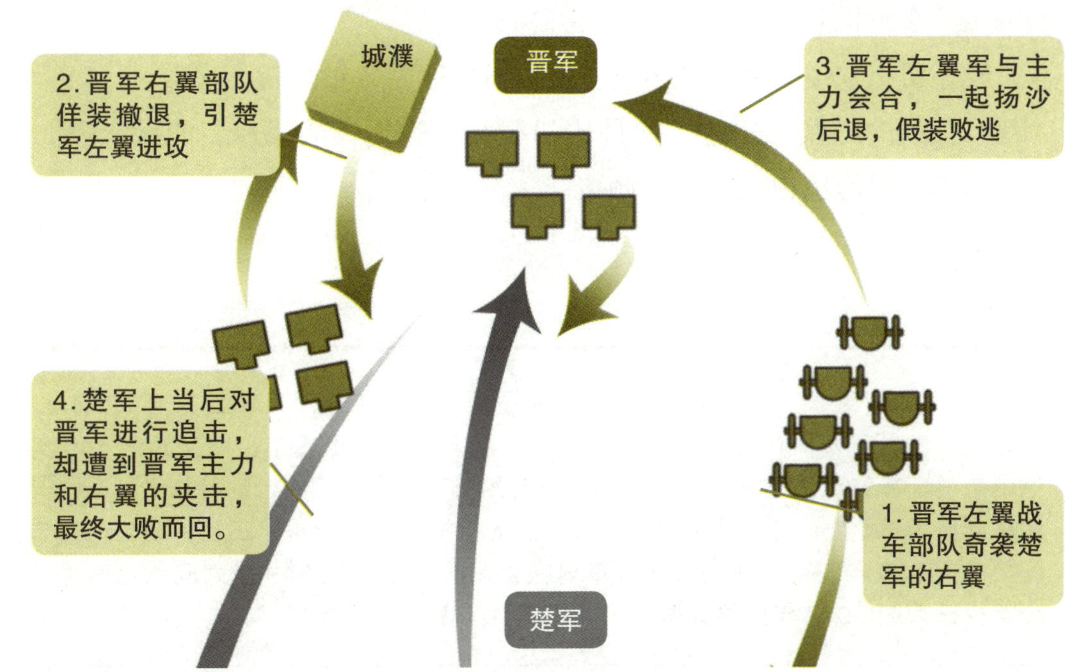

No.035 中国古代水军的舰队构成

我国古代水军包含了楼船、门舰、艨艟、走舸等多种船舰，因此需要将各种船舰按照一定的组合编成舰队。

古代水战的基本战术

我国古代的水战大多发生在长江及其流域内的湖泊上，长江流域各地区船只建造产业发达，早在春秋时期，吴越就已经建立了水军。

在古代的水战中，有着标准的阵形。楼船为己方的大本营，位于整个船队阵形的后方，负责整支舰队的指挥；门舰停靠在楼船周围，负责保护楼船；走舸等快速小船布置于阵形前沿，负责扰乱敌军和传递讯息；艨艟则是负责打头阵的先锋军。

水战一开始先是艨艟之间互撞，一直到重创敌方艨艟为止。这时候，走舸会在周围营救己方落水士兵。有时候，艨艟也会直指敌方大本营楼船发起突袭，但是门舰和楼船都具有很高的防御力，想要轻易撞沉是不可能的。

同时，各船配备的弓兵也会同时放箭，两军便开始大混战，乘坐走舸等小船的士兵会趁机登上敌军船只，展开白刃战。

一般等到一方楼船遭到破坏或者失去指挥能力，很快就会失败。

到了晋朝的时候，建造了一种比门舰和艨艟更大的战船，叫做海鹘。它的船艉高耸，船艏也很大，不易倾覆。

据《左传·襄公二十四年》记载："楚子为舟师以伐吴，不为军政，无功而还。"这是最早的关于水军的记载。这次水战发生在鲁襄公二十四年，即公元前 549 年。这就是说，在公元前 549 年以前，楚国就已经有了舟师。据元代的马端临考证，"楚用舟师自康王始"。（《文献通考·兵一注》）按楚康王元年，正当鲁襄公十四年，即公元前 559 年。可见我国古代水军早在公元前 559 年至 549 年之间就已诞生，距今至少已有 2500 多年的悠久历史了。（摘自《古代水军》）

古代舰队的基本构成

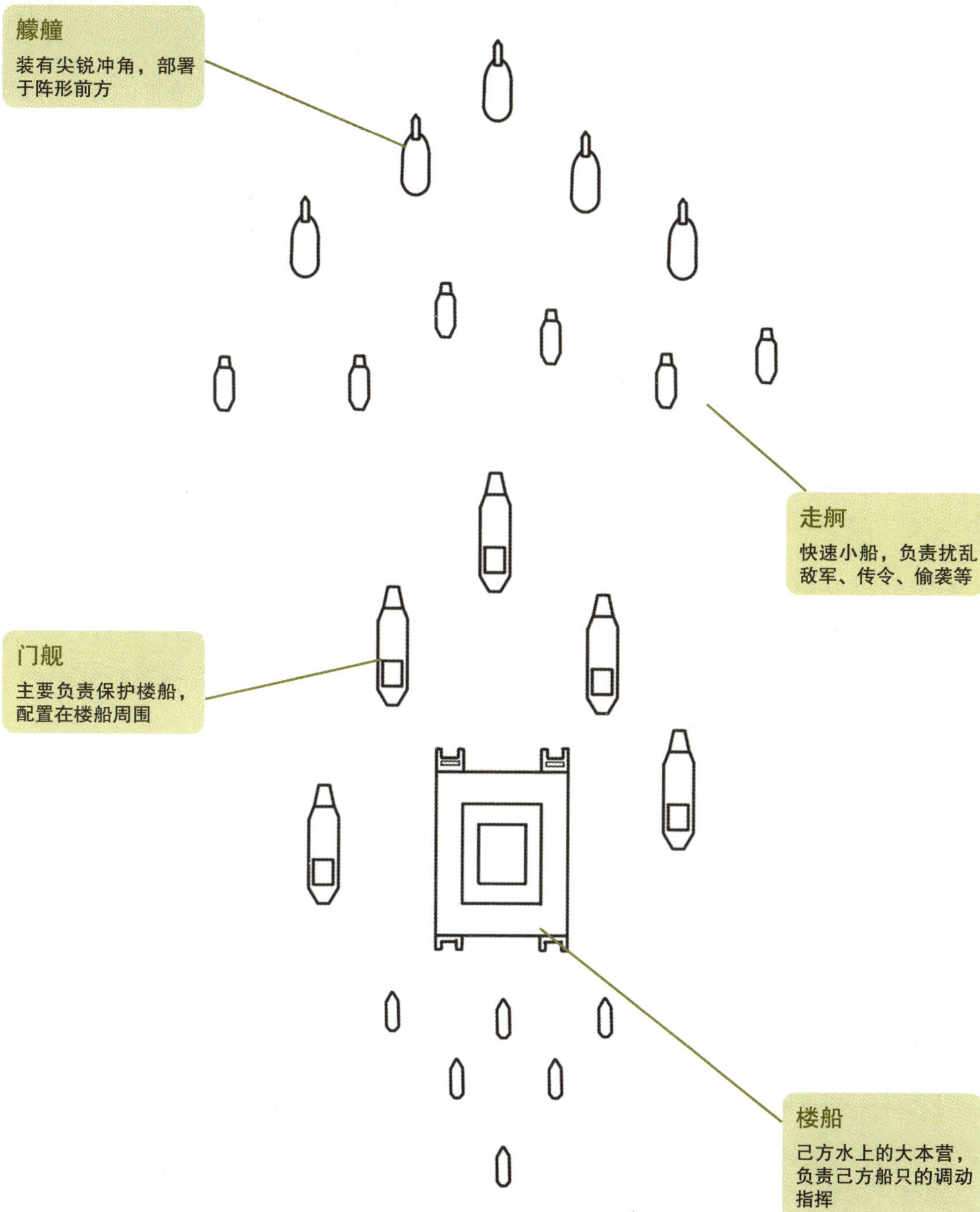
艨艟
装有尖锐冲角，部署于阵形前方
走舸
快速小船，负责扰乱敌军、传令、偷袭等
门舰
主要负责保护楼船，配置在楼船周围
楼船
己方水上的大本营，负责己方船只的调动指挥

No.036 水上堡垒：楼船

楼船是古代水军的核心，是己方舰队的大本营所在。

堪称堡垒的楼船

我国最早的水军出现在春秋时期，当时长江中下游的吴、越两国最早建立了水军。之后不久，与吴国交战的楚国也建立了强大的水军。

楼船是一种大型的指挥船只，是整个水军的核心所在。春秋时吴国的楼船长约 25 米，宽约 3 米，在船上设置有望楼，四周立有用来抵挡箭矢的舷墙，属于多层构造的大型船。

之后一段时期内，各国所造的楼船大小基本雷同。水战中，楼船相当于指挥所，船上一般搭乘超过 100 名的士兵负责护卫。多数情况下，楼船都是于己方阵形后指挥，由中小船只与敌军战斗。

随着造船技术的进步和水战的需要，楼船越来越大。到秦汉时期，已经造出了长 30 米，宽 5 米的巨大楼船；三国时期的吴国曾造出了载有 700 名士兵，装置了 7 张帆的大船前往东南亚。

到公元 3 世纪的时候，晋武帝为了攻打吴国，特地建造长 170 米的巨大楼船，要知道，现在的一些小型航母也不过 200 多米长，足见当时造船技术的高超。这种大船叫做 “连舫”，可搭载 2000 余人，船上设有四面开门的城墙，是名副其实的水上堡垒。

北宋《武经总要》中绘有楼船图，甲板上有三层建筑，每层四周都设置半人高的女墙，在第一层周围又用木板围成战格，女墙与战格上均开有若干箭孔、矛穴，既可远攻，又可近防。另外，还备有檑石、铁刺等防御武器。船上空间很大，甲板上能够行车走马。

1
2
3
4
5

楼船的结构

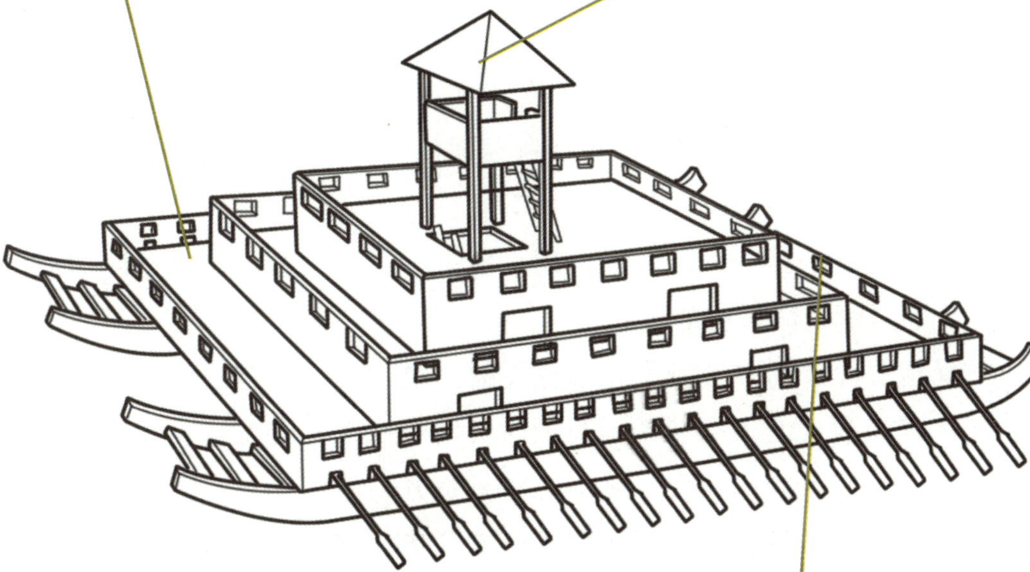

逐渐变大的楼船

楼船随着造船技术的进步变得越来越大

No.037 古代战舰主力：门舰

门舰是我国古代水站的主力战舰，早在春秋战国时代就已经是古代水军的重要组成部分。

重装战船

门舰在古代的水战中非常活跃，在古代战舰中，门舰的大小仅次于楼船，防御力和攻击力都要比艨艟等其他舰种要强，是实实在在的主力战舰。

在门舰船体的两侧设有墙，墙的下面有专门伸桨出去划动的开口。船内建有和墙一样高的楼台，装置了两层女墙来抵挡敌人的箭矢并且能够从女墙的开口上通过箭、弩来攻击敌人。

门舰在古代水战中扮演了非常重要的角色，它不仅是一种攻击型武器，还是用来威慑敌人的大型装备。三国时吴国的水军非常发达，在门舰的使用上也出现了一些不同的变化。吴国的将领贺齐、吕范在与魏国作战时就曾通过装饰门舰来震慑魏军。他们将门舰施以豪华装饰，刻有精美的雕花并涂装了艳丽的色彩，船顶还搭有青色的顶棚和深红色的布帘。公元 222 年，当魏军进攻洞口的时候，为吴国水军的阵容所震惊，据《吴书》中所说，吴国的舰队可谓“望之若山”。

当时还有另外一种用来战斗的主力船舰——露桡，它比门舰要小，能够搭载几十名士兵在水上作战。

门舰，又叫斗舰。《武经总要》：“斗舰者，船舷上设女墙可蔽半身，墙下开掣棹空，船内五尺又建棚与女墙，其棚上又建女墙重列。战士上无覆背，前后左右树牙旗金鼓。”意思就是说：在船舷上有女墙，墙下船舷开棹孔，甲板上有棚，棚上又有女墙，棚上无覆背，前后左右竖旗帜金鼓，用来指挥作战，可壮声势。

门舰与露桡

门舰的构造

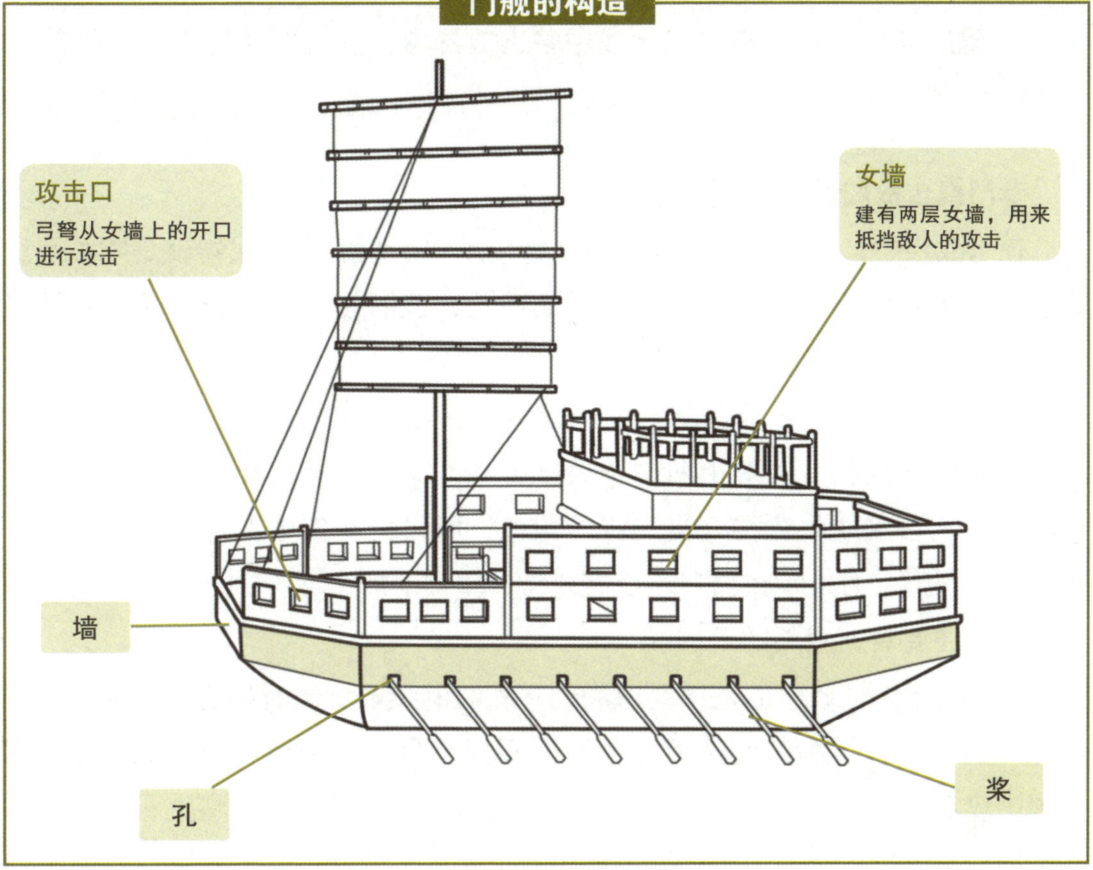

露桡的构造

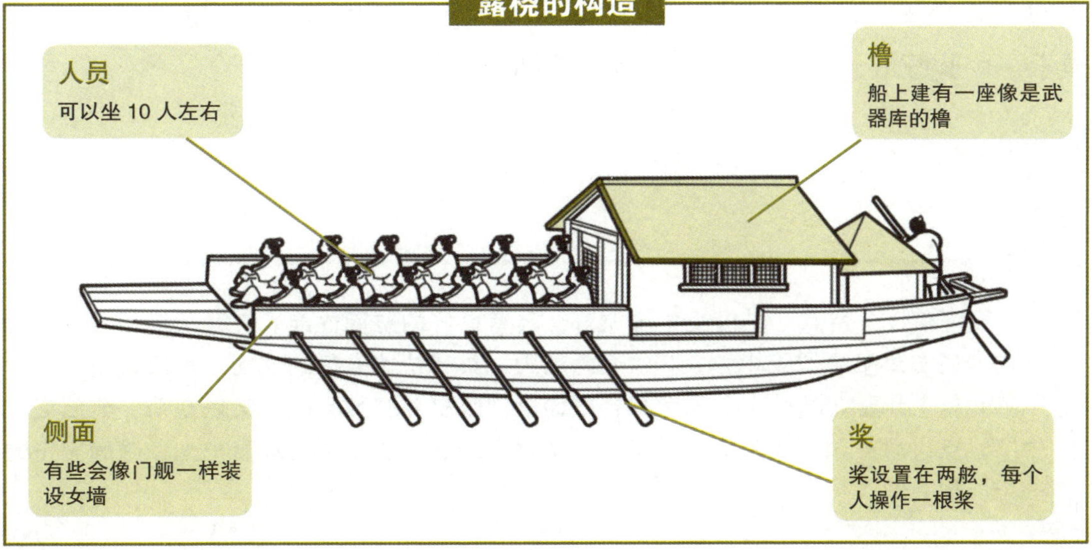

No.038 古代的艨艟是什么

艨艟与门舰一起在古代水战中曾大放异彩，它主要通过撞击敌船来使之沉没。

专门撞击敌船的战船

在水战当中，除了门舰以外，另一种用来攻击敌船主力兵器就是艨艟了。艨艟船身细长且窄，在舰艄装有尖锐的冲角，能够在撞击敌船的时候对敌船船体造成损伤并撞沉。

由于它主要是用来撞击敌船，因此速度是艨艟最为重要的性能。在艨艟的船舱设有分隔板，两舷由两排士兵乘坐划船，凭借速度和尖锐的冲角来撞击敌船。它在水战中往往充当先锋的角色，所以会在船体上包裹生牛皮，防止被火箭点燃。另外，在船上还设有望楼，望楼上的士兵一方面要擂鼓助威，另一方面还要观察敌船的动向。

目前关于艨艟最早的记载要追溯到春秋时的吴国，当时称之为“突冒”。到了三国时代，艨艟的使用更加频繁。根据《吴书》记载，公元 208 年，在吴国进攻黄祖的时候，黄祖让多艘艨艟横向排开，并通过石碇将之相连固定，在上面配置 1000 名弓兵远距离攻击吴国水军，令吴军一度陷入困境。后来吴军的董袭率领一部分士兵冒着箭雨潜入黄祖军艨艟的传递，切断连接石碇的绳索，令艨艟散开以后才最终赢得了胜利。

艨艟有 3 个特点：①以生牛皮蒙背，具有良好的防御性能。②开弩窗矛穴，具有出击和还击敌船的作战能力。③以桨为动力，具有快速航行的性能。东汉建安十三年（208 年）赤壁之战中，东吴大都督周瑜以“艨艟斗舰数十艘，实以薪草，膏油灌其中”，点火后突入曹军船阵，一举烧毁了曹军舰队。这是中国军事史上以艨艟突击的一个典型战例。

艨艟的外形

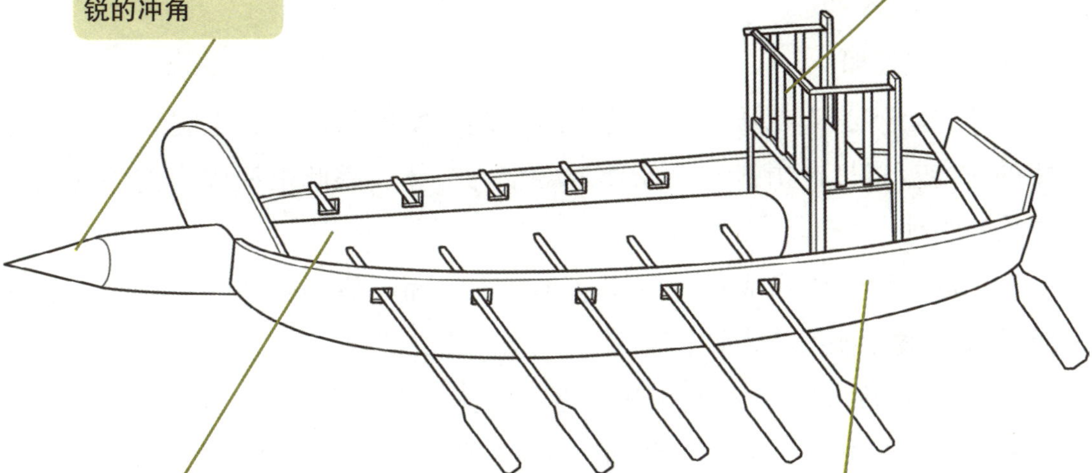

艨艟的战法

1、艨艟利用速度冲向敌方楼船

2、连续进行冲撞把对方楼船击沉

No.039 快速战船：走舸

走舸是一种非常依仗速度的船，尝尝在两军之间来回穿梭，既能扰敌军，也能传递消息。

小巧的快速船

最早的走舸是从赤马、先登这样的斥候船发展而来的，走舸综合了这两种船的功能，将打探情报和登船作战融合为一体，因此很快成为古代舰队不可或缺的舰种。

赤马是一种通体涂成红色的快速小船，上面大概能够搭乘 5 人，主要负责传递命令和救助己方落水士兵。

比起门舰和艨艟，走舸在速度上更具优势。这是因为它自身功能的需要，在走舸上配备了大量的船员，他们都是划船高手，能够令船只快速前行。

走舸本身攻击力并不强，它主要是协助艨艟和门舰进行攻击，或者进行突袭。正是其较高的机动性能，走舸还会被赋予救助己方落水士兵和追击敌船的任务。

由于走舸上配备的战斗人员很少，因此都是精挑细选的精锐。他们能够在不断的行进中攻击敌人，扰乱敌方阵形，吸引敌军的注意力，为己方其他船只争取到足够的作战空间，是古代水军的一支重要力量。

走舸的“走”字带有“逃”的意思，用来形容它的速度很快。在三国时期的赤壁之战中，吴将黄盖在用火船放火以后就是搭乘走舸逃离现场的。

三国时代称运兵船为走舸，《三国志·周瑜传》提到，黄盖“豫备走舸，各系大船后”，黄盖放船引火后，就是改乘这些走舸。值得一提的是在正史中，《三国志》是第一个用“舸”这个字，更是唯一提到“走舸”这名词的正史。

走舸的外形和特征

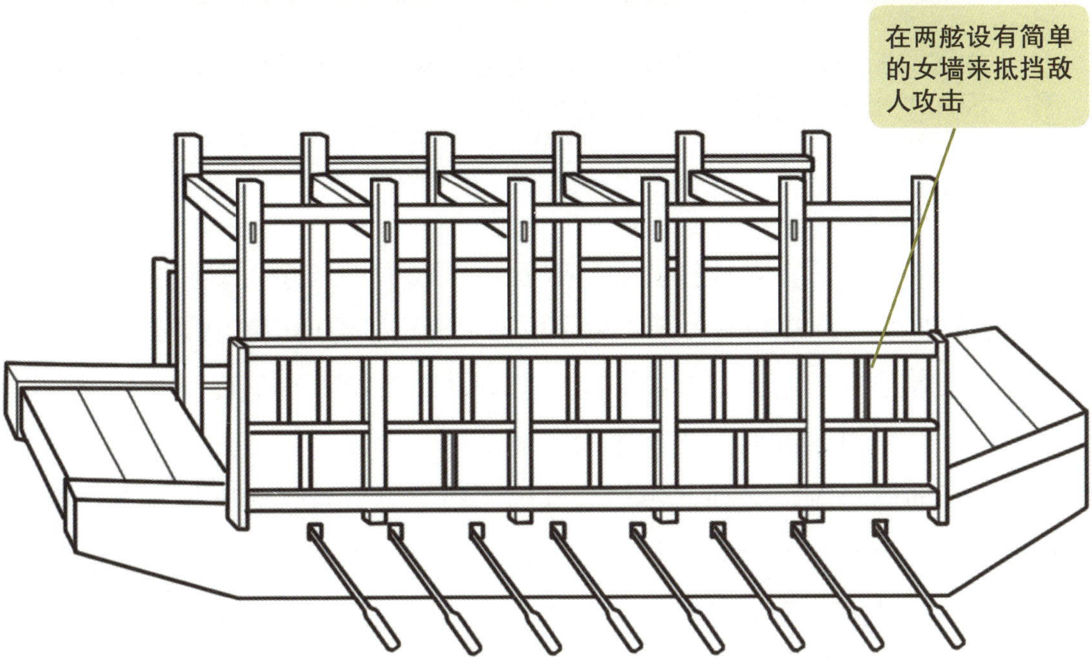

特征

1. 体积小、速度快、擅长突袭；
2. 配备大量划船手，速度很快。

走舸的原型——赤马

No.040 擅长同归于尽的火船

古代的船只都是木质结构，如果发生火灾，就会对船只造成重大损伤，因此就出现了专门引燃敌船的火船。

专门纵火的船

古代的船只都是用木材打造的，因此在水战中一旦起火就会遭到重创。为此，水战时双方常常互射火箭，后来更是发展出了专门引燃敌船的火船。

火船通常是在船上装在大量干柴干草等易燃物，并在上面浇油助燃。通过这些易燃物来引燃敌船，借此令敌方舰队陷入火海。但是这种战术必然受到天气和风向的影响，必须在熟知天气的人指导下进行，否则不仅有可能无法伤敌，还会引燃己方船只。除此之外，有时候浸油不足的话，还可能出现会点不着或者中途熄灭的意外状况。

当火船战术得到推广以后，对方也会提前做好警戒，因此火船大多都会被提前发现而无法成功。为了不让对方发现，火船开始使用老旧的其他类型船只，并在上面用幔、布等遮盖。

在公元 208 年的赤壁之战中，吴国的黄盖假意投降，使用大量火船烧毁了曹军舰队，烧死烧伤曹军士兵不计其数，直接扭转了吴国兵少势弱的局面，是历史上一次著名的以少胜多的战役。

随着火器的发展，造船技术的进步，火船逐渐失去了作用，从此退出了历史舞台。

在赤壁之战中，除了前文提到的艨艟、走舸等船，火船更是整场战役的主角。《三国演义》第四九回：“黄盖已自准备火船二十只，船头密布大钉。”在《北史・艺术传上・陆法和》也记载了火船的使用方法，“遂纵火船，而逆风不便”。可见火船的使用要受到风向的限制。

火船的构造和缺点

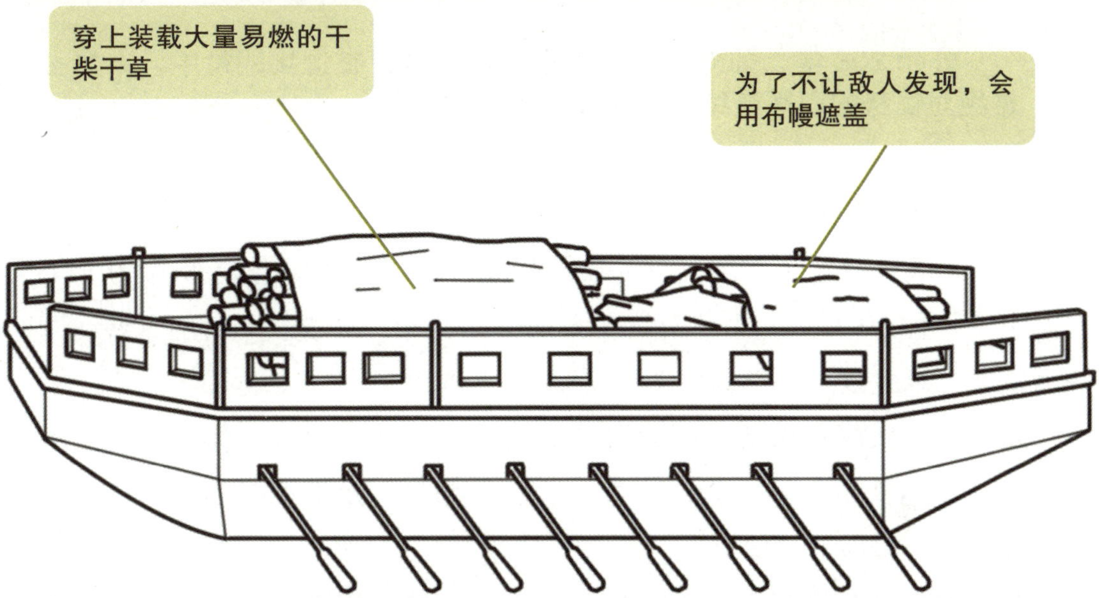

缺点

1. 容易受天气、风向影响；
2. 浸油不足的话，甚至会点不着或者中途熄灭。

使用火船的步骤

①准备好老旧船只

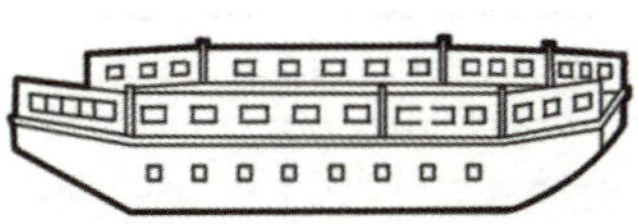

②放入干柴干草等易燃物

③用油浸透干柴干草

④靠近敌船，并点燃易燃物

No.041 火船的代表战役：赤壁之战

公元 208 年，孙刘联军与曹军隔江对峙，在这场战役中，人数占据绝对优势的曹军最终在火船攻势下溃败。

三国时期的最大规模水战

赤壁之战是奠定了三国鼎立基础的标志性战役。当时曹操率领 20 多万大军南下（号称 80 万），为了对抗实力强大的曹操，孙权、刘备两家缔结同盟联兵抗曹（水战以孙权军为主）。

孙权军向来擅长水战，而曹军多为北方人，并不擅水。为了适应水战，曹军将战船用铁索相连，紧密停靠，这样令船只在水上十分稳当，但也为后来孙权军的奇袭埋下了伏笔。

在孙权军诸多将领定下火攻的计策之后，黄盖假意投降曹操，称约定时间率领部下来投，曹操闻之大喜。当日，黄盖带着大量装满干柴干草等易燃物的船只驶向曹军阵营，包括门舰、艨艟、走舸等多种。在即将到达的时候，点燃船上的干柴干草，曹军见势不对，想要驶开却被铁链相连，转眼之间曹军阵营陷入一片火海。

孙权军趁此时渡江追击，与刘备军水陆并进，大败曹军。

名称	赤壁之战	结果	孙刘联军胜利
地点	湖北赤壁市	参战兵力	联军 5 万；曹军 20 余万（号称 80 万）
时间	建安十三年（公元 208 年）	伤亡情况	曹军“伤亡过半”，多为荆州降兵
参战方	孙刘联军，曹军	主要指挥官	周瑜刘备（联军），曹操（曹军）

赤壁之战图示

曹操与孙刘联军对峙

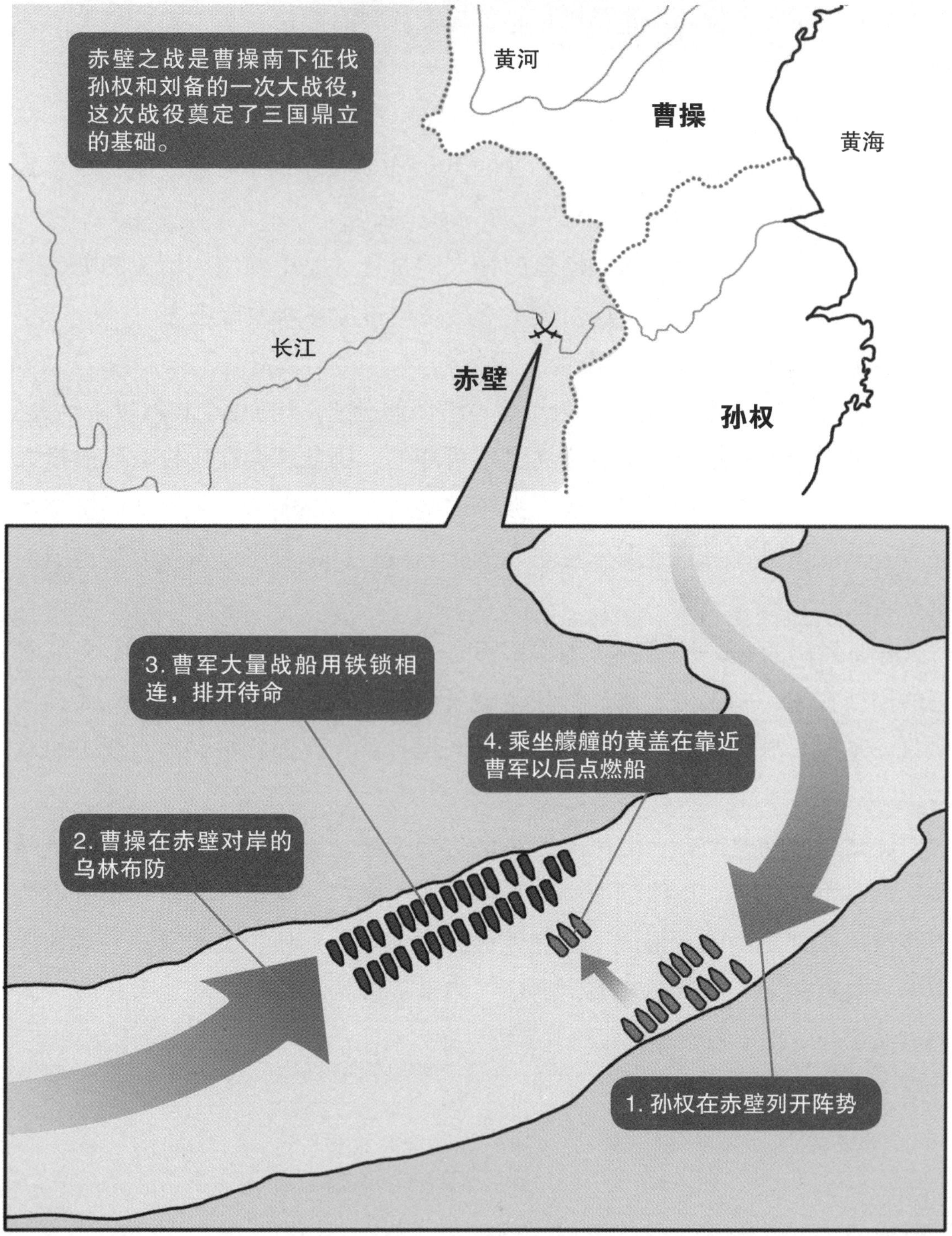

专题：规模最大的防御城墙：长城

长城是古代中国在不同时期为抵御塞北游牧部落联盟侵袭而修筑的规模浩大的军事工程的统称，是中国也是世界上修建时间最长、工程量最大的一项古代防御工程。

长城始建于两千多年前的春秋战国时代，现存的长城遗迹主要为建于14世纪的明长城。根据国家文物局于2009年公布明长城调查数据，明长城总长为8851.8千米，合17703.6里，因此称为万里长城。

长城是我国古代劳动人民创造的伟大的奇迹，是中国悠久历史的见证。与罗马斗兽场、比萨斜塔、埃及金字塔等是中古世界八大奇迹之一。1987年12月，长城被列为世界文化遗产。

不管怎么说，长城本身是作为军事建筑而建造的。不过由于长城过于巨大，想要在城墙上所有地方都配置士兵是不可能的。因此就会在比较重要的地方设置关卡，并在更前沿对设置观察敌军的哨所，以便能够针对性地调整防御兵力。从战国时代一直到明末清军入关，长城一直都是中原王朝北方边境的重要防线。

需要强调的是，长城的防御作用不是一般人认为的“不被攻陷”，其真正的用处在于——入侵者或许能集中力量偶尔攻破一两个关口、闯入关内，但只要整段长城还驻守有精锐的军队，入侵者就始终面临被夹击、伏击的危险

长城是世界古代史上最伟大的军事防御工程，它并非简单孤立的一线城墙，而是由点到线、由线到面，把长城沿线的隘口、军堡、关城和军事重镇连接成一张严密的网，形成一个完整的防御体系。军堡、关城和军事重镇这个体系具有战斗、指挥、观察、通信、隐蔽等多种功能，并配置有长驻军队的点线结合防御工程整体。

第三章
西方古代兵器

No.042 最早的兵器：投石带

投石带是一种简单易用的兵器，它的出现，更是要追溯到一万多年以前。

最古老的的兵器

在公元前 12000 年左右，人类发明了一种称为投石带（sling）的兵器。所谓投石带，其实就是一种用来投掷石弹的绳子。绳子的中间有个用来放置石弹的袋子，其中一段绕成一个小环套在手指上固定。使用时挥动投石带，利用离心力将石弹投射出去。在《圣经·旧约》的记载中，大卫王曾使用投石带击败了巨人。

由于投石带不论是制造方法还是弹丸补充都很简单，因此很快就流传到世界各地。据说就大卫王用来击败巨人的弹丸就是从小河边捡来的 5 颗石头。

后来，投石带开始配备于军队当中。公元前 4 世纪的北非强国迦太基就曾训练了大量的投石兵，在当时他们甚至比弓兵还要重要，最多的时候投石部队拥有 2000 名士兵。

投石带的缺点在于在抛射之前必须要做出足够的旋转才可以，因此不能连发。罗马曾经不断训练投石兵抛射弹丸，用来提高投射的连续性。

另外，古希腊还把投石带与木棒相结合，发明出一种投石棒（staff sling），能够将石弹投掷得更远。

大卫是古代以色列国第二代国王，在公元前 1000 年左右建立统一的以色列王国，定都耶路撒冷。多年来犹太人恢复故国故都的期望都以大卫为中心。基督教圣经《新约全书》强调耶稣是大卫的后裔。在伊斯兰教圣训中，大卫也占有重要地位，被认为是真主派给以色列人的先知。

投石带的结构

投石带的使用方法

投石带最初使用石弹，后来改用为铅弹，能够提高攻击力。

投石棒

用一根长棍来取代绳子，能够提高离心力，延伸投掷距离。

No.043 大型投石机的出现

大型投石机（catapult）在古代战争中使用极其广泛，经常用于攻城战中，也会用来攻击地方阵形。

威力巨大的投石机

公元前10世纪，亚述帝国开始了长期的对外扩张，在这个过程中，破城锤、投石机等大型兵器被逐渐发明了出来。

早期的投石机采用了动物的肌腱或毛发制成的延展弹簧来进行投射，到公元前4世纪马其顿人发明了扭力弹簧以后，使用扭力弹簧的投石机成为主流。使用扭力弹簧的投石机威力和射程都要比使用延展弹簧的同型投石机强很多。使用延展弹簧能够将1千克的石头投掷到150米远的地方，而扭力弹簧足以将4千克的石块投掷到320米之处。

扭力弹簧是将很多的毛发或动物肌腱绞在一起，通过绞盘将弹簧中间的杆子向后拉，然后通过弹簧的反作用力将弹丸抛射出去。这种投石机的弹丸不仅会使用大石头，还会使用铅球、长枪、大箭等。据说使用大箭的话，能从300多米外贯穿敌人的盾牌。

在古代，投石机是各国军队很重要的兵器。公元前3世纪古罗马和迦太基作战的时候，每个大队都会配备一具投石机。这时的投石机甚至能够抛射90千克的巨石。

使用扭力弹簧的投石机发明以后，古希腊和古罗马都广泛使用。弹射杆平时是直立的，杆的顶端是装弹丸的"勺子"或皮弹袋，杆的下端插在一根扭绞得很紧的水平绳索里。弹射时，先用绞盘将弹射杆拉至接近水平的位置，在"勺子"或皮弹袋里放进弹丸。松开绞盘绳索时，弹射杆恢复到垂直位置将弹丸射出。由于这种投石机在发射的时候像驴子踢腿，所以也被称为"onager（野驴）"。

投石机的构造和扭力弹簧

由于攻城战逐渐增多，许多国家在攻城当中开始使用威力巨大的投石机。

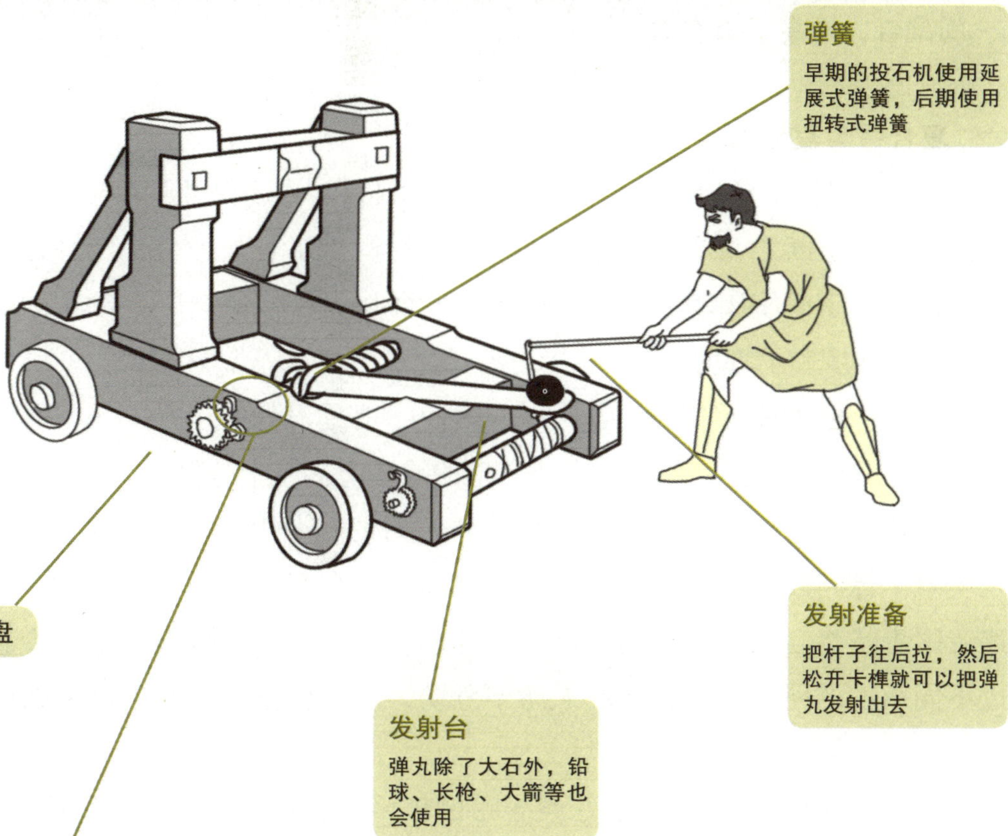

扭转弹簧式

延展弹簧式

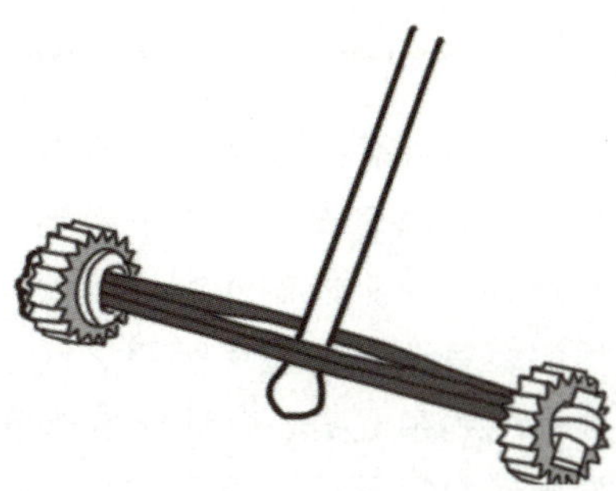

No.044 亚述的复合弓兵

在亚述帝国扩张时期，他们为了增加战斗力，通过弓兵与投石兵之间配合，提高了杀伤力。

复合弓与复合弓兵

起初的弓箭都是通体木质的全木弓（self low），这种弓经常会在使用者的大力拉伸下折断，为了改变这一点，复合弓产生了。复合弓是用好几种材料组合制成，正面使用动物的角等坚硬的物体，另一侧则会贴上动物的腱，增强弓身的强度和柔韧度。

复合弓的出现，使得使用者不会再陷入“有劲没处使”的窘境，用力越大，射出的箭就越远且威力越强，由此产生的战斗力提升十分显著。

最早使用复合弓的是公元前2200年左右的阿卡德国王纳拉姆辛，随后传入埃及。等到战车普及以后，战车部队基本都会配备使用复合弓的弓兵。亚述帝国更是将复合弓发挥到了极致，他们将复合弓兵和投石兵组合配置，通过不同角度的同时进攻，令敌人防不胜防，要么就被石弹砸中，要么就会被箭射倒。

等到骑兵出现以后，配备了复合弓的骑兵逐渐成为作战的主力军。

亚述的弓箭手分为轻弓箭手、次重弓箭手和重弓箭手三类。轻弓箭手束轻装，不戴头盔，只缠束发带，整个上半身除了挂箭筒的横带外，全部裸露在外，下着至膝上部的紧身短裤。他们通常没有伙伴协助，也不拿盾牌，主要进行立射和跪射。次重弓箭手的装备介于轻重弓箭手之间，配备有锁子甲、头盔和便鞋。锁子甲可下达膝部。主要采取跪射姿势，有伙伴持盾跪着掩护。重弓箭手装备精良，身着长袍，达于脚面。外面再套以锁子甲，达于腰部。头戴尖顶盔，脚着便鞋。射箭姿势主要为立射。其伙伴把一人高的大盾牌立于地上，站在其身后持盾牌保护。

全木弓与复合弓

全木弓

复合弓

亚述的复合弓兵与投石兵

No.045 狄奥尼修斯发明的弩

为了增强军队的战斗力，叙拉古的狄奥尼修斯一世召集了大量工匠进行兵器的开发和改良，其中就有一种被称为腹弩的兵器。

两个狄奥尼修斯和弩

叙拉古 (Syracuse) 是一个位于希腊与迦太基之间的城市，公元前 4 世纪，一个被称为狄奥尼修斯一世的人成为叙拉古的僭主。为了增强军力，扩大领土，狄奥尼修斯一世召集了大量工匠进行兵器的改良和开发。

在这些工匠的改进下，腹弩这种欧洲最早的弩诞生了。腹弩尺寸小巧，能够单兵携带。使用的时候要用肚子抵住台架然后拉弦，这也是其成为腹弩的原因。这样的话即使臂力不强也能使用腹弩射出强有力的箭。

还有一种说法说四列桨座战船和投石机也是狄奥尼修斯一世发明的，不过并没有确实的证据。无论如何狄奥尼修斯一世和他开发的这些新兵器出现在战场上以后，让迦太基和希腊都曾大为头疼。

后来的扭力弹簧也在很大程度上借鉴了狄奥尼修斯一世的新兵器，引发了一场兵器的革命。

在公元 100 年左右，另一个叫狄奥尼修斯（同名不同人）的人发明了能够连射的弩。在弩的箭槽上装置箭匣，射出箭以后就会再掉下来一枝箭，以此实现连射。

1
2
3
4
5

狄奥尼修斯之耳，是意大利西西里岛东南部城市锡拉库萨的一个人工开凿的石灰石洞穴。根据传说，狄奥尼修斯一世将此山洞用作关押持不同政见者的监狱，通过其完美的音响效果来监听囚犯的秘密。另一个传说则是说，狄奥尼修斯一世开凿这种形状的洞穴，使它能扩大折磨囚犯时的惨叫声。后来“狄奥尼修斯之耳”一词用来形容监视，特别是指为政治利益的监视。

叙拉古与迦太基的位置关系

狄奥尼修斯一世

- 为了开发兵器，从邻近各国招来了技术人员
- 开发出腹弩
- 据说还开发了四桨座战船与投石机

何谓腹弩?

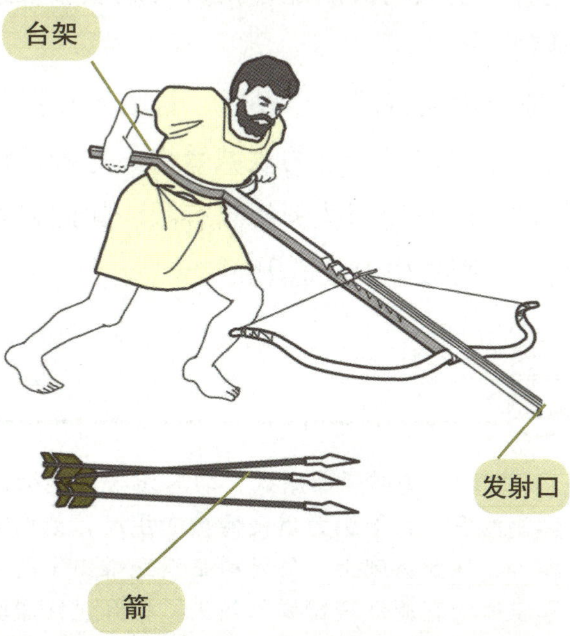

装有一个弯曲的台架，拉弦时用腹部抵住。即使臂力不强也能使用腹弩射出强有力的箭。

No.046 亚历山大的扭簧弩炮

亚历山大大帝的父亲腓力二世发明了扭力弹簧，亚历山大将其有效地运用到了武器当中，发明出一种弩炮——扭簧弩炮。

亚历山大发明的弩炮

马其顿王国腓力二世发明的扭力弹簧引发了一场兵器革命，而迅速将扭力弹簧运用到兵器当中的不是别人，正是腓力二世的儿子——亚历山大。

亚历山大将扭力弹簧运用到了弩当中，发明出一种大威力弩炮——扭力弹簧弩炮，简称为扭簧弩炮。不仅如此，他还将扭簧弩炮大量生产，在其征战生涯中得到广泛使用。

值得一提的是在亚历山大进攻推罗的战争中，扭簧弩炮也曾发挥了重要作用。推罗易守难攻，由陆上城市和海上要塞两部分组成。亚历山大攻陷了陆上推罗以后，对海上要塞却束手无策。后来建造了大量工事、工程兵器，加上腓尼基人的战船配合扭簧弩炮能够在远距离对推罗人进行压制，这才最终胜利。

亚历山大帝国灭亡以后，希腊人和罗马人都对扭簧弩炮进行了改进。罗马人甚至造出了大型的攻城弩炮，这种弩炮过于巨大，建造和装填都是很大的问题，因此使用范围相当有限。除此之外，还有一种能够两人操作的小型弩炮，在野战中十分适用。

发明弩炮的是希腊人，而真正将弩炮推向颠峰的却是罗马人。最早建立正规军体制的罗马帝国极为重视弩炮的生产，他们首先尝试采用金属结构取代原由的木制构件，在此基础上于公元前 2 世纪推出了两款新型弩炮机构，分别利用青铜弹簧片和空气活塞驱动弩臂抛射箭矢，但经过比较验证，青铜弹簧片被彻底压跨，空气活塞则会由于压力过大而发热甚至起火，这两种机构的抛射力也远不及动物肌腱制成的扭力弹簧。

亚历山大的扭簧弩炮

亚历山大将扭力弹簧应用到弩中，发明了扭簧弩炮。

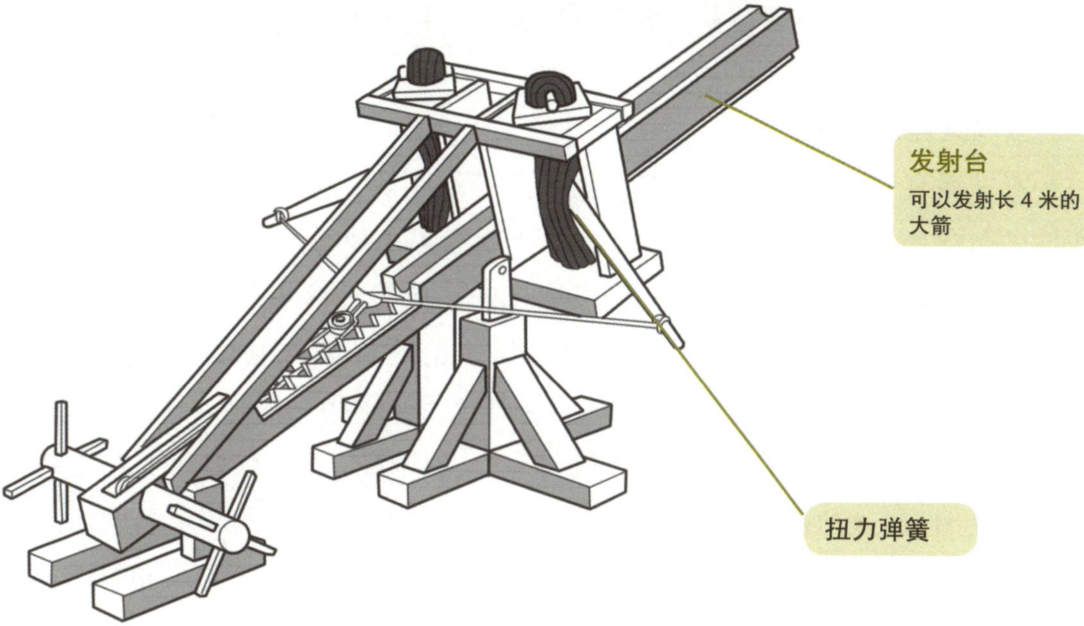

古罗马的大型弩炮和小型弩炮

大型弩炮

大小号称数倍于亚历山大的弩炮

小型弩炮

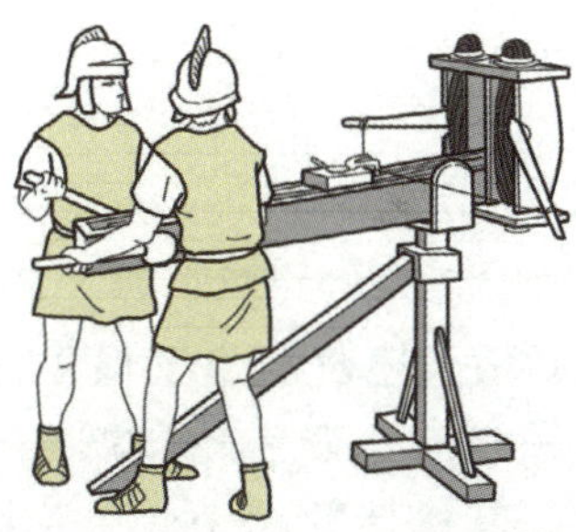

由两名士兵操作的小型弩炮

No.047 罗马和希腊的弩

罗马军队所用的兵器大多是学自其他国家，只有少数自己研发的兵器。这里就介绍一下在罗马自己所研发的一种弩。

罗马人自己的弩

罗马拥有一支非常强大的并且组织严密的军队，但是弓兵却一直是罗马军队的薄弱环节。为了弥补这一点，罗马人制造了一种叫做天蝎(scorpio)的弩。

这种弩是将弩炮小型化以后开发出来的，虽然外形和重量小了很多，但是威力却并没降低，使用的仍然是大型箭矢，据说一枝箭能连续贯穿两个人。它的重要部位都使用金属包裹起来，耐用程度得到了很大提高。

自从这种弩发明出来，罗马人就将它广泛应用在了各种战斗中，尤其是在攻城的时候与攻城塔相配合，效果极佳。公元73年，罗马围攻马萨达的战役中，就在高30米的攻城塔内部和顶部配置了弩兵，攻陷了固若金汤的马萨达。

另外，在希腊也有一种类似的弩——希腊手弩（cheiroballistra）。

它的原理和天蝎（scorpio）相同，但是将以往弩炮的木制机构成功地改为金属机构，弹簧也安装在青铜制成的金属筒当中，能够防止弹簧遭受风雨的侵袭，延长弹簧的使用时间并防止敌人攻击损坏。在这样空间狭小的筒子里能够让弹簧扭转得更紧，增强弩的威力。

还有一点值得提到，在cheiroballistra上面还装有拱形瞄准器，能够提高命中率。

罗马人还研制出了最早的连发弩炮，备用的箭矢存放在V形的“弹匣”中，通过一组五边形齿轮和链条机构的往复运动，弩炮的待发、装填、击发实现了自动化，其构造的精密令人称绝。尽管连发弩炮的火力密度大大提高，但在生产力水平低下的当时，却背上了“浪费弹药”的恶名，在短暂的昙花一现之后就逐渐销声匿迹。

1 2 3 4 5

罗马“天蝎”（scorpio）

罗马人自己开发的一种小型化弩炮

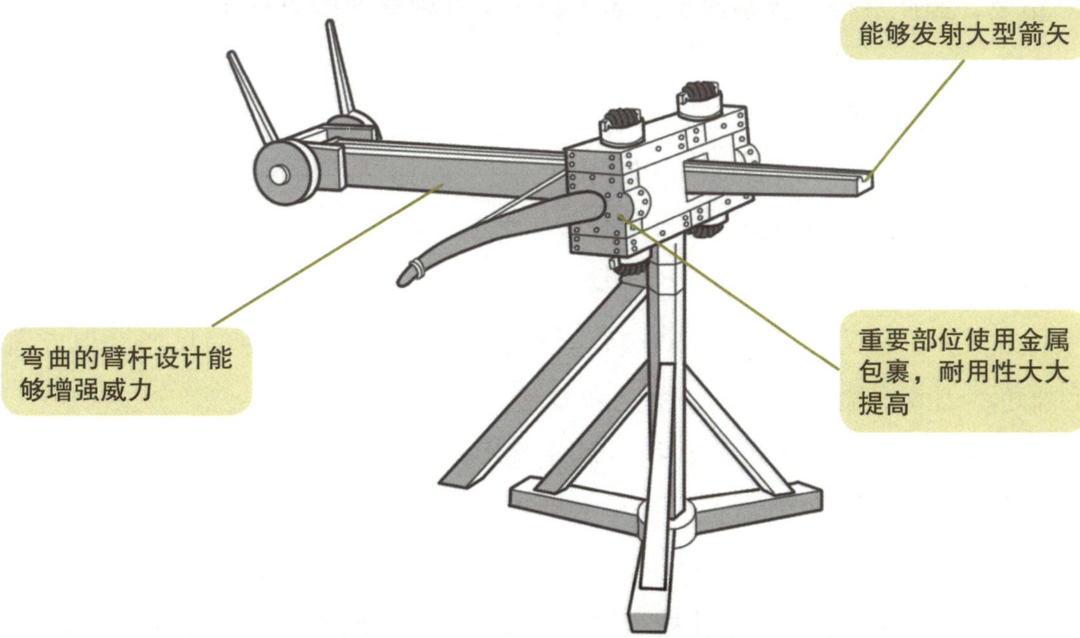

希腊手弩（cheiroballistra）

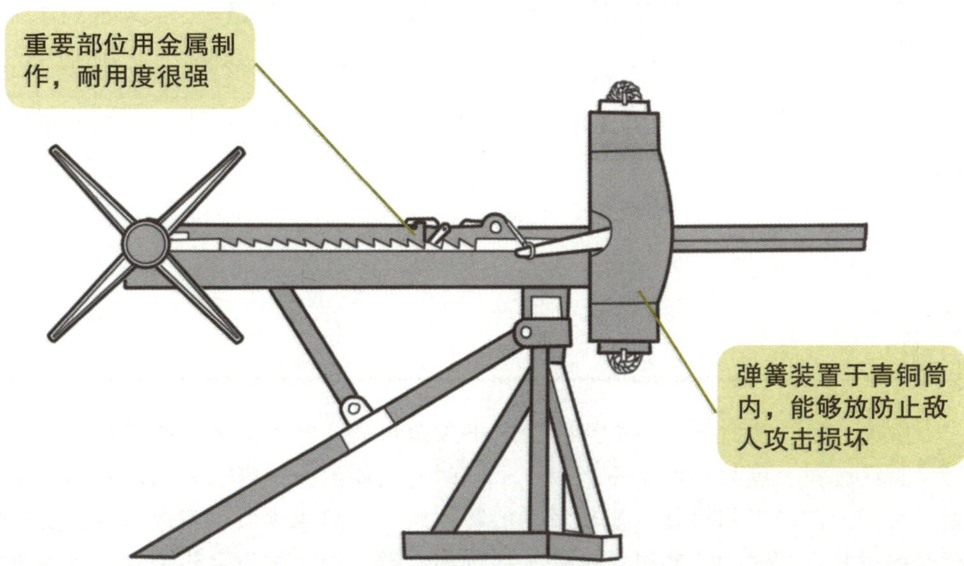

和一般弩炮相类似，但是耐用度要高很多

No.048 腹弩进化版：重弩

在古代战场上，弓、弩、投石机等能够远距离杀伤敌人的武器十分重要，因此进行了大量改良，而重弩正是在腹弩等的进化版。

腹弩的改良进化版

重弩（oxybeles）的原理和腹弩相同，唯一的却别就是腹弩使用延展弹簧，而重弩则使用了扭力弹簧。

重弩和腹弩一样，都产生于叙拉古。相比于腹弩，使用了扭力弹簧的重弩威力更大，射程更远，达400米。就当时而言，如此威力的兵器算得上凤毛麟角，因此很快就流传到了罗马和希腊。

罗马军队使用的重弩和叙拉古的重弩略有差别，在拉弦部分两侧设置了长方形箱子，内置扭力弹簧，这样能够有效延长弹簧的使用时间。罗马的重弩能将30厘米的箭发射到300米处，并且依然能够贯穿盾牌。

之后，许多国家都开始使用重弩，并继续改良。重弩木制的臂杆容易受损，多用铁板加强，提高其耐用程度

重弩最大的缺点就是发射的连续性很差，在发射过一次以后需要花上不少时间才能完成装填。为了弥补重弩装填箭矢较慢的缺点，各国都通过生产了大量重弩，以数量的优势来弥补重弩装填慢的缺点。因此重弩在古代战场上非常活跃。

重弩必须以畜力运载，使用时固定于三角木架。其最大创新是以长柄绞盘棘轮拉弓，将弓弦拉力提高到两百千克以上，同时拉动距离大为延长，因此发射时释放的能量远大于以前的任何弓弩。重弩发射的箭很大，一般为铁头木羽箭，也可发射标枪。重弩的射程和穿透力远超过之前的一切远程武器，固定发射台也使其精度胜过所有其他弩弓。

早期重弩

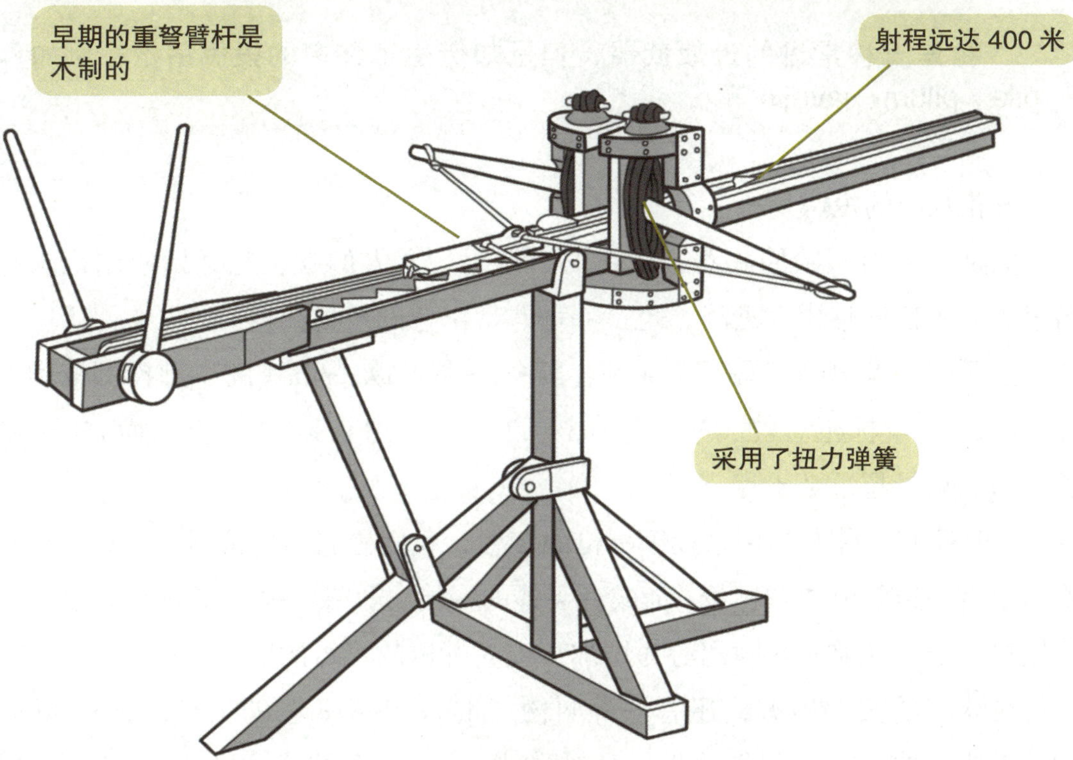
早期的重弩臂杆是木制的
射程远达 400 米
采用了扭力弹簧

后期重弩

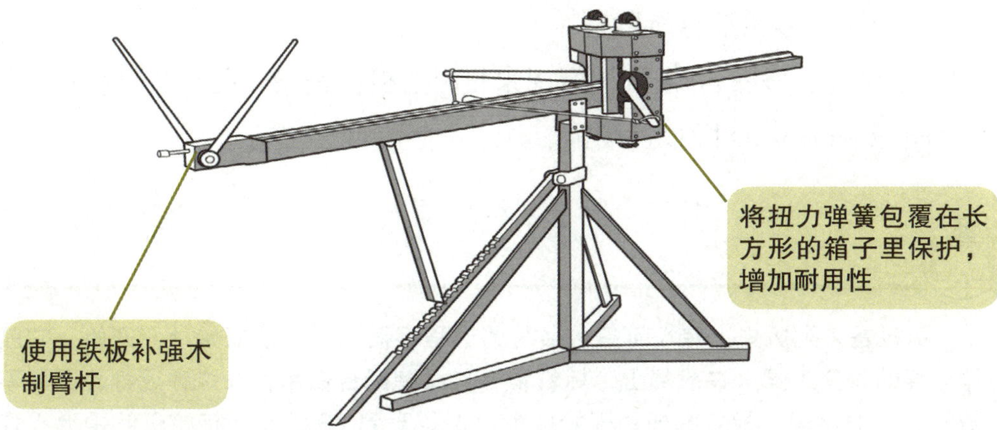
将扭力弹簧包覆在长方形的箱子里保护，增加耐用性
使用铁板补强木制臂杆

No.049 古代西方投掷用枪

枪是一种常见的近战武器，但是却衍生了许多的投掷用枪，例如pila、pilum、javelin 等。

五花八门的投掷用枪

枪是一种很原始的武器，早在旧石器时代，人们就已经开始使用枪来狩猎了。它不仅能够用在近战，也是一种非常出色的投掷兵器。

公元前 3 世纪的罗马，士兵都会配备一支叫做“pila”的小型投掷枪和一支“pilum”重标枪。Pila 的长度为 1~1.2 米，重约 0.8~1.2 千克，而 pilum 则长 2 米，重量超过 2 千克。

当时还有一种专门用来投掷标枪的装置，我们称它为投枪器（atlatl）。投枪器上有一道能够放置标枪、箭或者飞镖的沟槽，末端呈钩状，可以钩住标枪。使用投枪器，能够旋转时离心力增加，提高标枪的飞行的射程和威力。

在欧洲的其他地方，还有一种叫做“spear-thrower”的工具，它和 Atlatl 构造基本一样，不过只能投掷一种被称为“javelin”的小型枪。javelin 比 pila 还要小，长度不足 1 米，重量不到 1 千克。

投掷枪在其他地区国家也都有使用，但是根据作战需求的不同，投掷枪的重量、材质、形状都有所区别。

除了投掷枪以外，也常常把箭用来投掷。根据记录，在 4 世纪左右的罗马，有一种叫做 plumbatae 的投掷用箭。

标枪是人类历史上有据可靠的最早的远程兵器之一。从原始社会开始，它就被用作重要的狩猎工具。在战场上，标枪常常与盾牌配合使用，以弥补近身武器的不足。随着弓弩的出现，标枪的使用开始减少，但是直到 13 世纪，标枪仍然是世界许多国家军队的制式装备。在完全退出军事舞台之后，标枪成为了一个纯粹的田径运动项目。1792 年，瑞典举行了世界上的第一次现代标枪比赛。

古代欧洲常见的几种投掷枪

pila

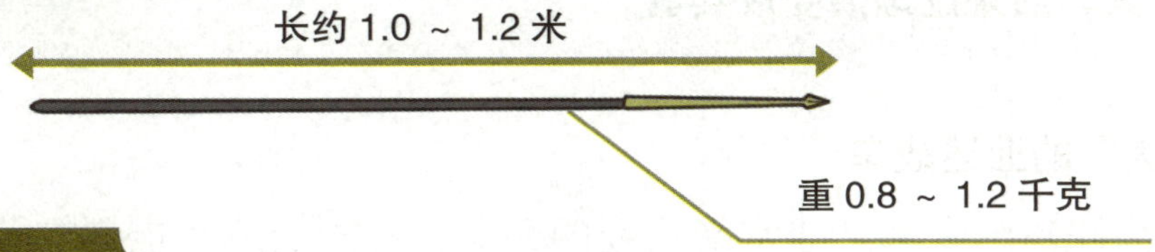

pilum

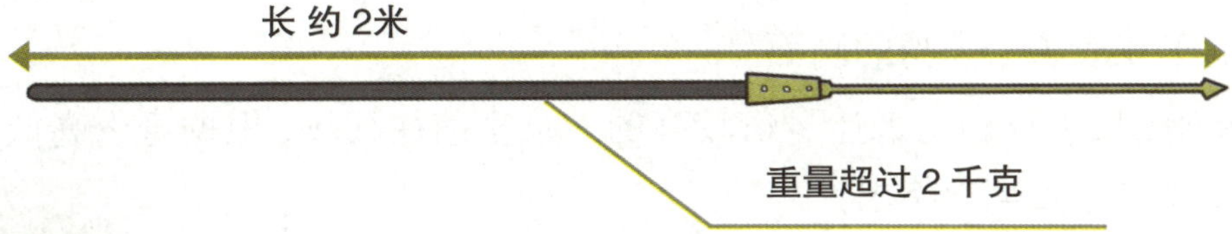

Javelin

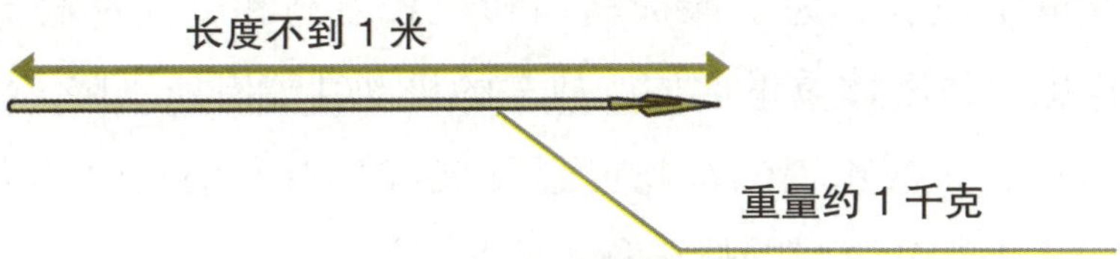

投枪器

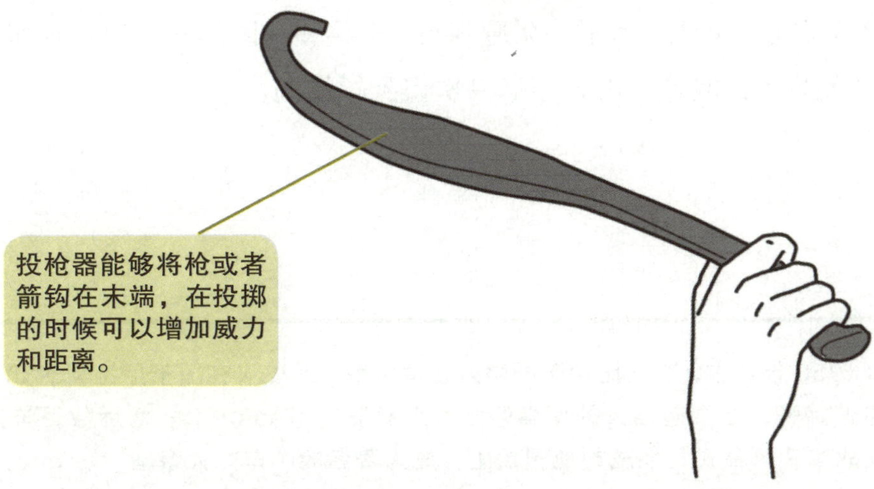

No.050 亚述战车

亚述是使用战车很早的国家，然而一开始战车仅仅是用作战场上的一种交通工具，后来逐渐演变成兵器。

逐渐“长大”的亚述战车

战车在古代许多国家都是非常受欢迎的兵器，各国的战车也各有特点，形态不一。亚述战车的出现，则在古代世界掀起了一股前所未有的战车风潮。亚述开始使用战车的时间已经无法确定，但是早在公元前10世纪的壁画中就已经有战车在战场上驰骋的画面。

一开始，战车只是用来让身份较高的人乘坐前往战场，根据身份高低不同，使用2匹或者4匹马来牵引。

后来，这种战车被用在战场上，使用3匹马牵引，乘坐驭手、弓兵、盾牌兵3名士兵。他们会径直冲向敌军，由弓兵射箭杀伤敌人。

到公元前9世纪左右，为了保护马匹和士兵，马和士兵都会穿上特制的铠甲，但是这样也导致整体重量增加，战车的机动性能有所下降。

此时，原本只有4根轮辐的车轮已经发展成具有8根轮辐的大车轮，车体也越来越重，又4匹马牵引的战车称为主流。

进入公元前7世纪以后，车轮变得更大，车身也随之增高加大。战车乘员由原本的3人增加为4人，多了一名盾牌兵。士兵和马匹的防护也更加坚固，战车机动性再次下降，但是攻击力却又一次得到了提高。

公元前1350年左右，在巴比伦王国陷入衰退之际，亚述人在国王尼拉利（Nirari）的统帅下迅速扩张，建立起强大的军事帝国，定都亚述（Ashur）。之后数百年，亚述人用四轮战车“风暴式”地洗劫他国领土，成为著名的“东方大帝国”。

1 2 3 4 5

亚述战车的进化

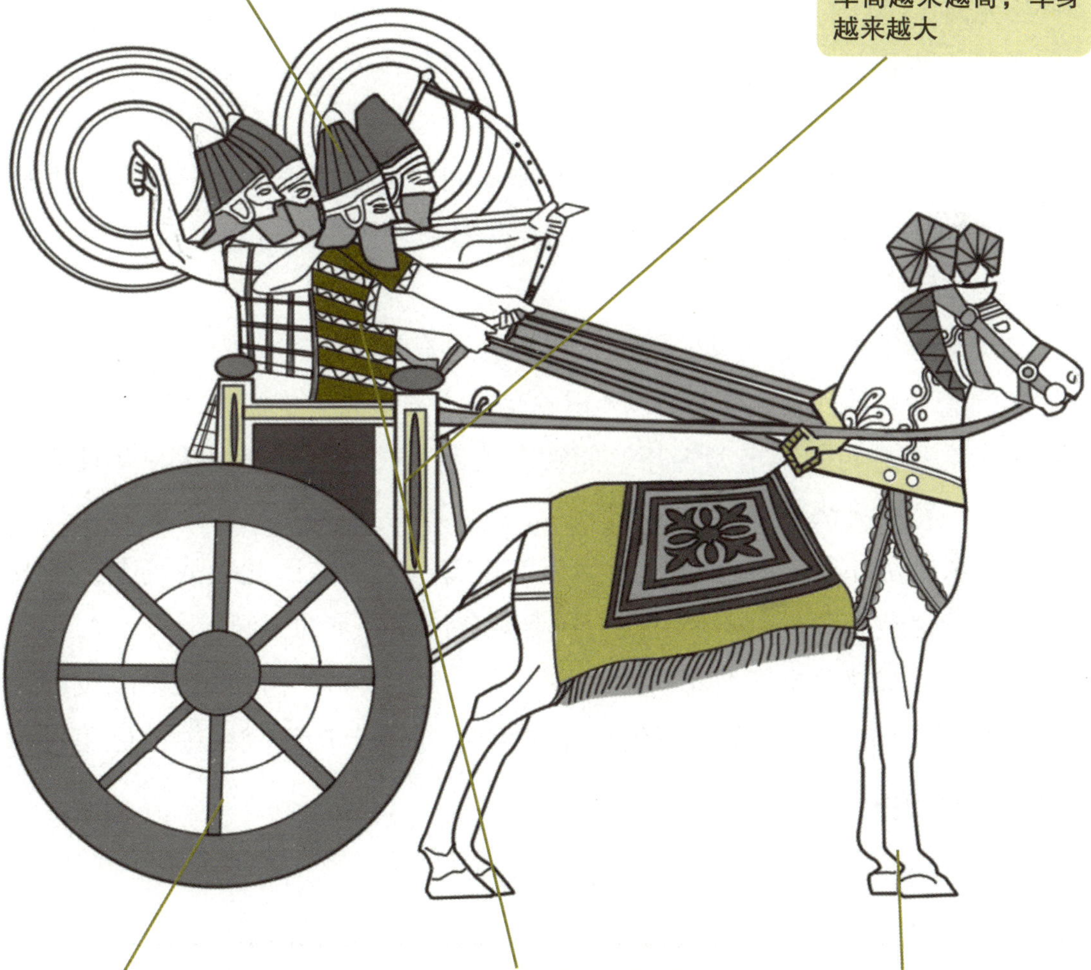
①
早期搭乘驭手、弓兵、盾牌兵3人，到了公元前7世纪，增加1名盾牌兵，变成4人乘坐
②
车高越来越高，车身越来越大
③
早期4根轮辐的车轮发展成具有8根轮辐的大车轮
④
公元前9世纪以后士兵会穿上铠甲
⑤
牵引战车的马匹从3匹变成4匹，马匹也有专门的防护

No.051 古埃及战车

埃及的战车与其他国家的战车相比很有特色，十分轻巧，在战场上灵活刁钻。

重视速度的埃及战车

公元前 17 世纪，喜克索斯人入侵埃及并建立了第十五和第十六王朝，正是因此喜克索斯人所使用的战车传到了埃及，很快便成为埃及军队的主力兵器。

埃及所使用的战车与其他国家的有所不同，其他国家的战车都非常重视攻击力，而埃及则更为重视速度，因此十分轻巧，还出现过重量仅有 34 千克的轻型战车。

埃及的战车主要是搭载弓兵的平台，并没有盾兵同乘，因为减轻重量对于战车的速度非常重要，其车轮以 4 根轮辐的小型车轮为主流，由 2 匹马牵引，搭乘驭手和弓兵两人。车型轻巧，能够在攻击完成以后迅速回转，并且速度很快，敌人往往无法射中。

不过这种战车稳定性不够，耐用程度也有所欠缺。因此在战场上，埃及通常通过大量战车同时出击的方式，还要配备修理战车的工匠。

埃及的战车部队是埃及军队的主力，在公元前 1457 年的米吉多战役中，埃及动用了 1000 多辆战车，而到公元前 1285 年的卡迭什战役中，更是投入了超过 2000 辆战车。

1922 年，英国考古学家霍华德·卡特进入埃及法老图坦卡蒙的陵墓，在里面发现了 6 辆战车，其中 2 辆是体型较大的礼仪车，1 辆较小的战车装饰华丽，另外 3 辆车身比较轻便，是日常用车。米兰理工学院的机器人技术工程学教授艾伯特·罗维塔说：“它们是古代的法拉利。它们以精湛的设计、极其复杂和令人吃惊的现代技术而著称。”

战车传入埃及

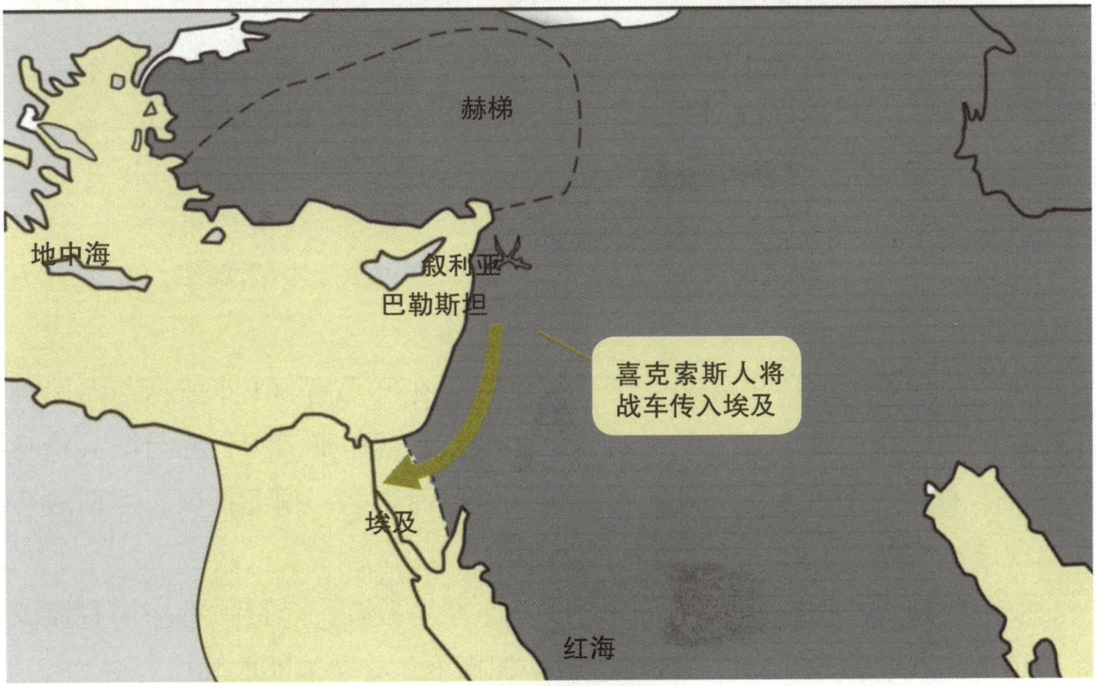

埃及战车的构成

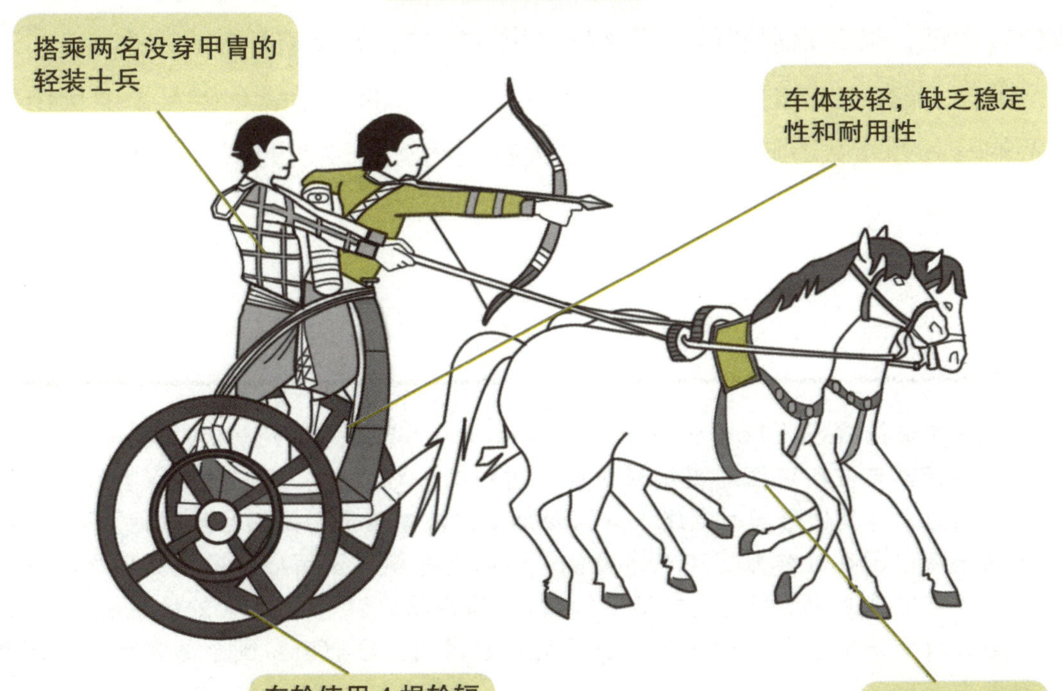

No.052 另类的波斯战车

波斯帝国是世界上第一个横跨亚非欧的大帝国，战车自然是必不可少的兵器，而且波斯的战车与其他国家大不一样。

刀轮战车

在各式各样的战车当中，波斯帝国的战车算得上十分稀奇了，这就是刀轮战车。

根据希腊著名的历史学家色诺芬的记载，在公元前401年波斯与希腊的库娜克萨战役中，波斯在车轴末端装有1米左右的镰形刀刃，在与敌兵错身之际能够有效杀伤敌人。刀轮战车也正是因此而得名。据此推论，波斯战车的出现应该要更早一些。

按照波斯人的构想，刀轮战车会以全速冲入敌阵，经过一番横冲直撞以后必然扰乱敌军的阵形，后续部队趁机一拥而上，必然能够取胜。

然而实际上却很难达到这样的效果，这时因为刀轮战车机动性不强，转弯比较困难，加上非常醒目，因此只要指挥得当，想要避开并不困难。

在公元前331年的高加米拉战役中，波斯人的刀轮战车碰上了亚历山大大帝的马其顿步兵方阵，最终亚历山大彻底消灭了波斯的主力军队，占领了大半个波斯。

高加米拉战役（The battle of Gaugamela），是公元前331年10月1日马其顿帝国与波斯帝国在高加米拉地区进行的一场战役。双方于此次战役皆投入巨大兵力，马其顿帝国尽倾麾下4万余部队，波斯帝国更是倾尽全国近百万兵力。虽然波斯帝国在战前做好了充足准备，但因时命不与及军心涣散，更加之马其顿军队的英勇善战和亚历山大的英明指挥，波斯帝国终以10万余人的惨重伤亡败北，君主大流士三世也于战后被杀。随后马其顿帝国占领波斯帝国全部领土，波斯帝国灭亡。

波斯刀轮战车的特点

战车在各国发展各不相同，而出现于古代波斯的刀轮战车则是一种极为罕见的形态

镰战车的缺点

1. 按照波斯人的构想，使用镰战车突袭敌军方阵扰乱敌军，但是因为刀轮战车实在过于醒目，因此早早就会被发现

2. 机动性很差，转弯困难，敌军能够轻易避开

No.053 其他各国的战车

除了亚述、埃及、波斯之外，周围各国也都曾大量使用战车，那么这些国家的战车又有哪些不同呢？

各国的战车

美索不达米亚平原是战车的发源地，早在公元前 3000 年左右居住在美索不达米亚平原的苏美尔人就已经开始使用战车了。

苏美尔的战车与其说是战车，不如说是运输车辆。当时的战车车轮没有轮辐，使用加工成圆盘状的木头当作车轮。由于当时美索不达米亚平原还没有马，他们是用驴子来牵引战车。

迈锡尼时代的希腊也与苏美尔人一样，将战车当作运输的工具使用。由于希腊的地形高低起伏剧烈，并不适合战车在战场上驰骋，因此，希腊的战车一直都不十分发达。

迈锡尼时代希腊的战车是由 2 匹马牵引的两轮战车，上面搭乘驭手与弓兵。他们乘坐战车前往战场，在与敌人作战之前就会下车变成步兵。等到战斗结束，他们由重新乘着战车回营。

崛起于小亚细亚半岛的赫梯王国使用的战车由 2 匹马牵引，车上搭乘驭手和两名士兵。据说他们的战车最早使用了轮辐，并且将原本在车体中央的车轴设置在车体偏后的部分，以增强车辆行驶中的稳定性。

除此之外，战车还流传到了巴比伦、中国等世界其他地区，许多地区都有将战车投入战场的记录。

苏美尔人建立的苏美尔文明是整个美索不达米亚文明中最早，同时也是目前所知的全世界最早产生的文明。

赫梯国家形成与公元前 19 世纪中叶，约公元前 14 世纪发展成赫梯帝国。首都先在库萨尔，后迁至汉土沙。公元前 12 世纪灭亡。

苏美尔战车的结构

赫梯的战车形状

No.054 世界上最早的战车战役

发生于公元前 1274 年的卡迭什战役，是埃及与合体争霸中东的一场大会战，也是目前所知世界上最早的战车战。

5500 辆战车的大战

公元前 1298 年，埃及与赫梯帝国为了争夺叙利亚的军事要塞——卡迭什，以及中东地区的霸权，双方进行了一场大战——卡迭什战役。由于在此战中双方投入了大量战车参战，因此相当有名。

在这场战役中，埃及法老拉美西斯二世亲自率领 2000 辆战车和 16000 余士兵，而赫梯国王穆瓦塔卢指挥战车 3500 辆，士兵 20000 参战，双方共 5500 辆战车。

拉美西斯二世率领军队从沙苏出发进军叙利亚，而穆瓦塔卢则将军队埋伏在卡迭什东部，将埃及军队诱至后围歼，拉美西斯二世听信了假情报，亲率一个军团孤军深入进驻卡迭什，把其他三个军团抛在后面，陷入了极其危险的境地。在危急关头，拉美西斯二世派人通知援军，但赫梯军队主力已经出动，包围了拉美西斯二世，几乎全歼了他身边的整个军团，只是不知拉美西斯也在军内，才令他幸免于难，后来援军赶到，打败了赫梯军队。

这次战役过后，双方的战争又持续了 16 年之久，最终两国签订了世界上第一个和约，停止了战争。

公元前 1283 年，赫梯国王哈吐什尔向埃及提出缔结和约，并派人送去了和约，得到了埃及法老拉美西斯二世的同意，因条约刻在银板上，被称为《银板和约》。和约规定，两国同意互不侵犯，相互援助和支持，互相引渡对方的逃亡者。《银板和约》是世界历史上保留下来的最早的国际条约，它的缔结，标志了赫梯和埃及之间持续近一个世纪的争霸战争的结束。

卡迭什战役图示

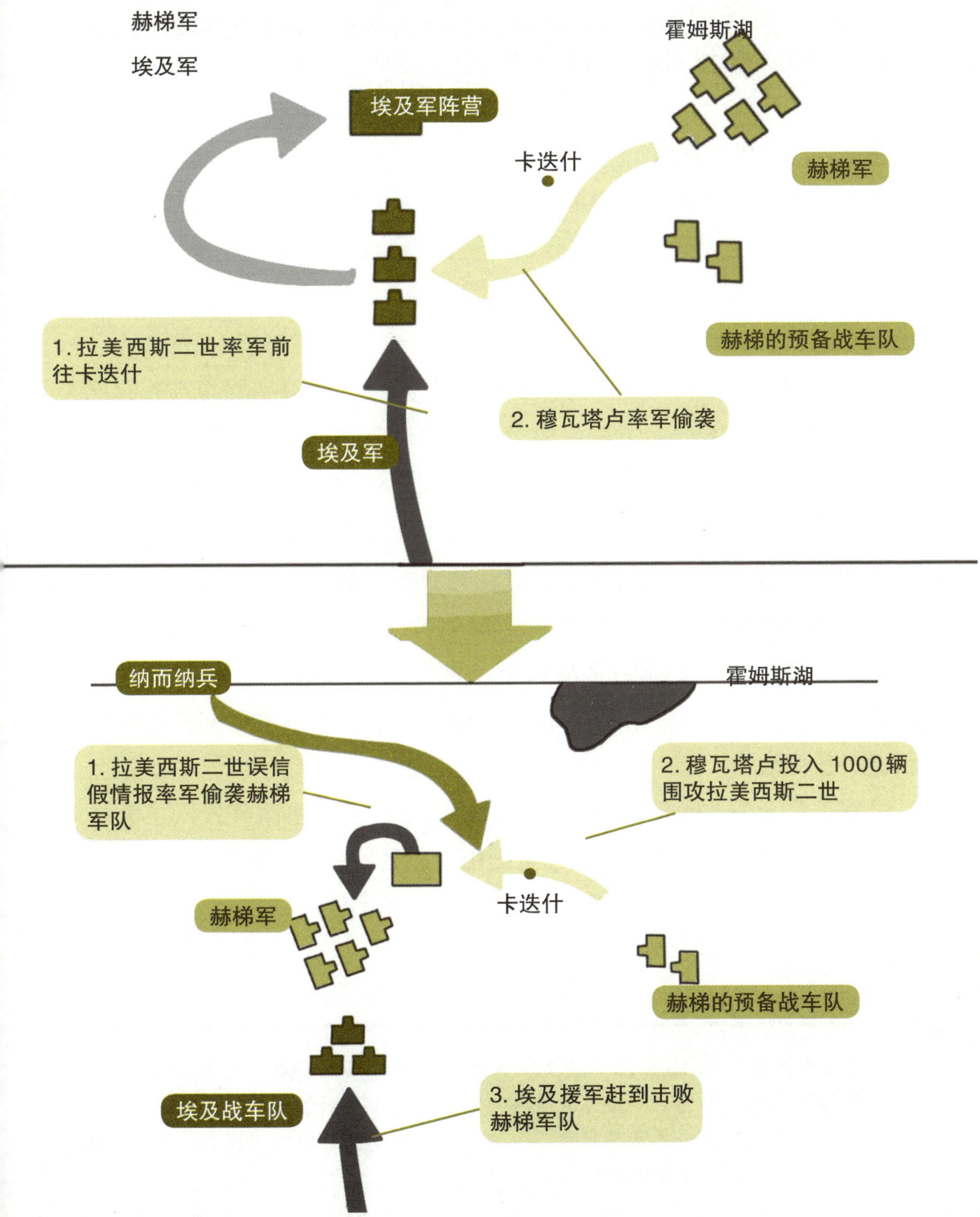

赫梯军
埃及军
霍姆斯湖
埃及军阵营
卡迭什
赫梯军
赫梯的预备战车队
1. 拉美西斯二世率军前往卡迭什
2. 穆瓦塔卢率军偷袭
埃及军
纳而纳兵
霍姆斯湖
1. 拉美西斯二世误信假情报率军偷袭赫梯军队
2. 穆瓦塔卢投入1000辆围攻拉美西斯二世
卡迭什
赫梯军
赫梯的预备战车队
埃及战车队
3. 埃及援军赶到击败赫梯军队

No.055 战车部队如何作战

战车出现以后很快就称为战场上的主力兵器，通常摆在阵形的最前沿，而步兵和投掷兵则于后方进行支援。

冲锋陷阵的战车部队

古代由于技术原因，造出的战车很难转换方向，一般都是沿着直线冲向敌军阵营，然后在与敌兵错身之际由车上的士兵射箭或者用枪来攻击敌兵。

然而即便如此，战车部队依然是当时战场上的重要法宝。不过想要让大规模的战车部队在战场上充分发挥作用，就必须建立起相应的体系和战术才行。如果任凭战车胡乱在战场上奔驰，不但不能有效杀敌，还有可能撞伤自己人。

在大多数情况下，为了避免战车部队互相碰撞，会隔开一定的距离排成一列，配置于本方阵营最前方。而敌军也会使用相同的布阵，由双方战车对峙。

开战以后，双方会同时冲锋，以直线前进的方式冲向敌军，交锋过后，则掉头再度冲锋。如此重复几次以后，就会趁着敌阵陷入混乱，由投掷兵支援步兵与敌军展开白刃战。

在公元前 1457 年的米吉多战役中，埃及军队与迦南军队相互对峙，埃及在阵营前沿配备了大量战车兵，据说迦南军队看到埃及战车部队的威容后士气低落，很快败走。

爆发于公元前 331 年的高加米拉战役当中，波斯军队就投入了大量刀轮战车，分为三部分配置在最前线与亚历山大率领的马其顿军队对峙。

米吉多战役（前 15 世纪）是埃及法老图特摩斯三世统帅下的埃及军队与卡迭什国王领导下的迦南同盟之间发生的战斗。它是世界上有可信史料记载的第一场战役。所有关于该战役的第一手资料来自埃及人的记载——这些资料大多由抄书吏塔加尼写在底比斯卡纳克的阿蒙神庙的墙上。

战车部队的阵形

为了防止误伤自己人，战车有着严密的体系和阵形。

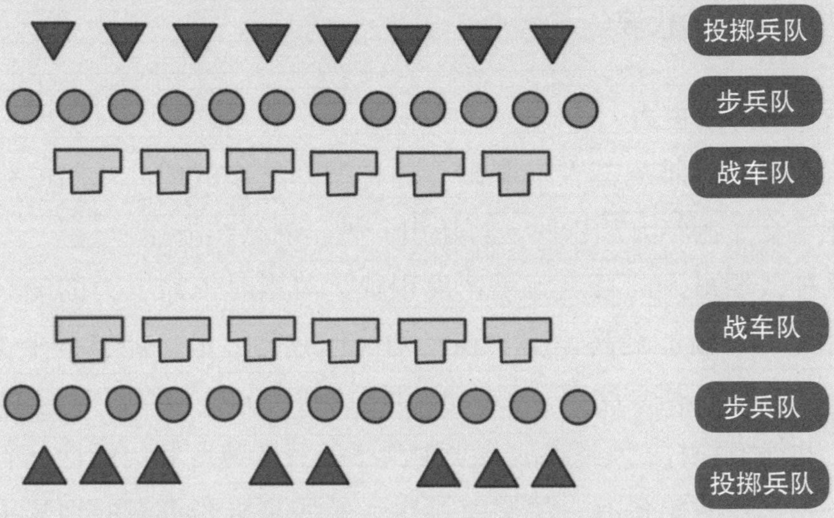

战车在最前沿排成一列，后方有步兵和投掷兵待命。

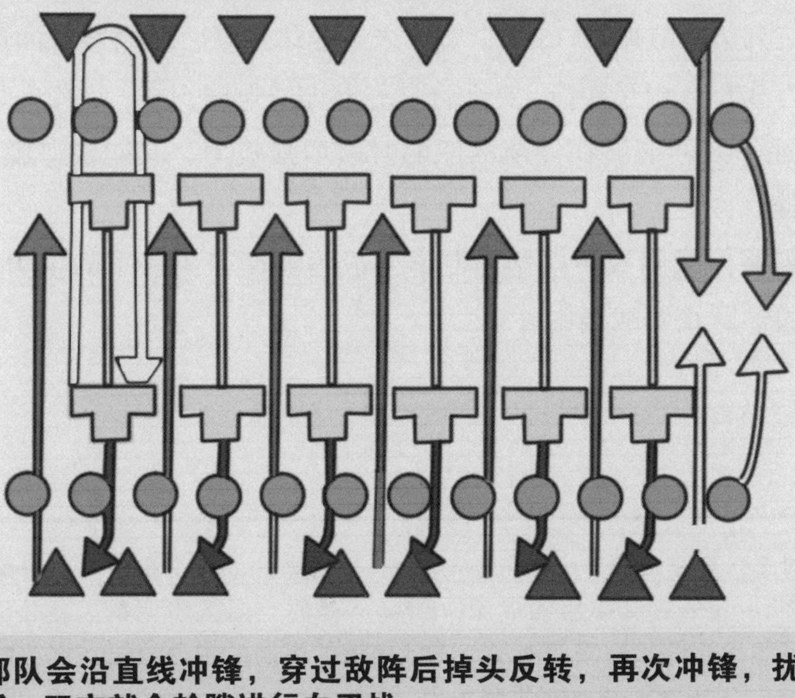

战车部队会沿直线冲锋，穿过敌阵后掉头反转，再次冲锋，扰乱敌方阵形以后，双方就会趁隙进行白刃战。

No.056 三列桨座战船

在古代地中海地区所进行的战争不仅仅局限于陆地上，经常也会发生海战，而海上的主要兵器则是被称为桨帆船的军船，其中三列桨作战船堪称其中的代表。

古代的海战主力

擅长海战的腓尼基人发明出了一种两列桨座战船，希腊的雅典从腓尼基人这里学会了制作方法以后，打造出一种三列桨作战船。

这种战船最大的特点就是速度很快。对当时依靠人力的船只而言，只要增加划桨手，就能提高速度。在三列桨作战船上最多能够搭乘 170 名船员，其中绝大多数都是划桨手，最大航速能达到 7 节（相当于时速 11 千米）。同时船上也设有桅杆，但是在战斗当中为了船只的速度和灵活性，都会收起桅杆。

三列桨作战船备有三层桨座，比一般的桨帆船搭载的划桨手要多很多，因此速度很快。最初的一列三层桨使得船体过高，缺乏稳定性，后来改为交互式桨座，既节省了空间，不至于船体太高，又能配备更多的划桨手。

希腊的三列桨座战船长 36 米，宽 6 米，船体细长，船艏装有冲角。

当时的海战要么相互冲撞，要么就是靠上去进行白刃战，仅有这两种战法。而快速的战船一方面能够在冲撞敌船的时候增强威力，又能快速脱离战场，摆脱敌船冲撞。

之后三列桨作战船被波斯学习制造并成为波斯帝国海军的主力，一直到中世纪都一直活跃在海战当中。

早期的三列桨座战船：penteconter——一种古老的战舰，每边有一排桨，每排有 25 支桨；bireme—有二排桨的战舰，bireme 是腓尼基人发明的。在公元前 7 至 4 世纪，快速和敏捷的三列桨座战船，占地中海的军舰的主导地位，直至被较庞大的 quadriremes 和 quinquiremes 取代为止。

三列桨作战船

三列桨作战船的构造

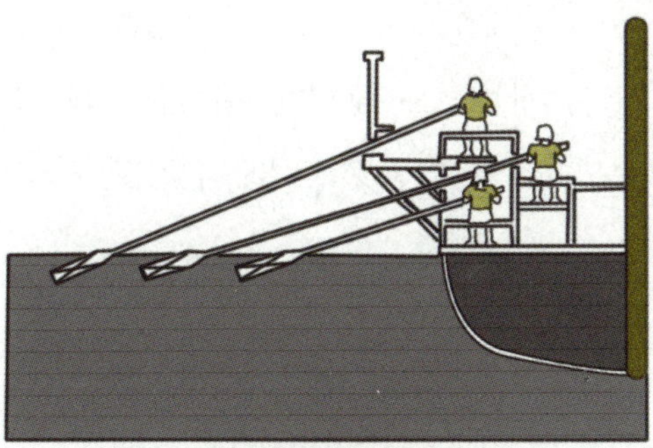

▲ 交互式桨座构造

最初的一列三层桨座令船体变得太高，稳定性下降，后来改为交互式桨座构造

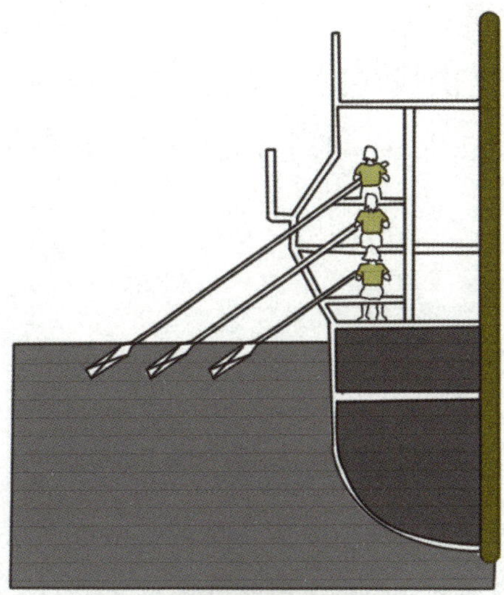

▲ 一列三层桨座

No.057 萨拉米海战

发生于公元前 480 的萨拉米海战，是三列桨座战船之间爆发的第一次大规模海战。

三列桨座战船的代表性战役

波斯帝国统一了中东地区以后，将目标瞄准了地中海地区的霸主——希腊。为此，希腊的雅典、斯巴达、哈尔吉斯、米利都等城邦组成联盟，在公元前 408 年，与波斯在萨拉米湾进行了决定胜负的大海战。

在这次战役中，双方均以三列桨座战船交战。希腊联军出动战船 366 艘，波斯则多达 1200 艘。波斯有善于造船的腓尼基人帮助，战船体型庞大、数量众多，仅仅从装备上来说，要比希腊更胜一筹。

战斗开始以后，希腊联军将波斯海军引入了狭窄的萨拉米湾，当波斯舰队通过海湾的普西塔利亚岛时，希腊舰队兵分两路突然发起攻击，发挥其船小灵活、在狭窄海湾行动自如的优势，以接舷战和撞击战反复突击波斯舰队。

而波斯战船的船体较大，在狭窄的海湾挤作一团，行动困难，前进不得，后退无路，自相碰撞，乱作一团。经过一天的激战，波斯舰队遭到重创，被迫撤退。

这次战斗的胜利要归功与希腊联军充分利用了二列桨座战船的优点，并且善加利用，加上熟悉萨拉米湾的地形，令数量庞大的波斯海军陷入了困境当中。

公元前 499 年至前 449 年之间，波斯与古希腊城邦之间进行了一系列战争。战争前期，波斯先后两次入侵希腊，第一次入侵时的马拉松战役和第二次入侵时的温泉关战役、萨拉米海战等都是非常有名的战役。随后，希腊开始了对波斯的反击。公元前 449 年，波希战争以双方签订卡里阿斯和约而告结束。

萨拉米湾海战图示

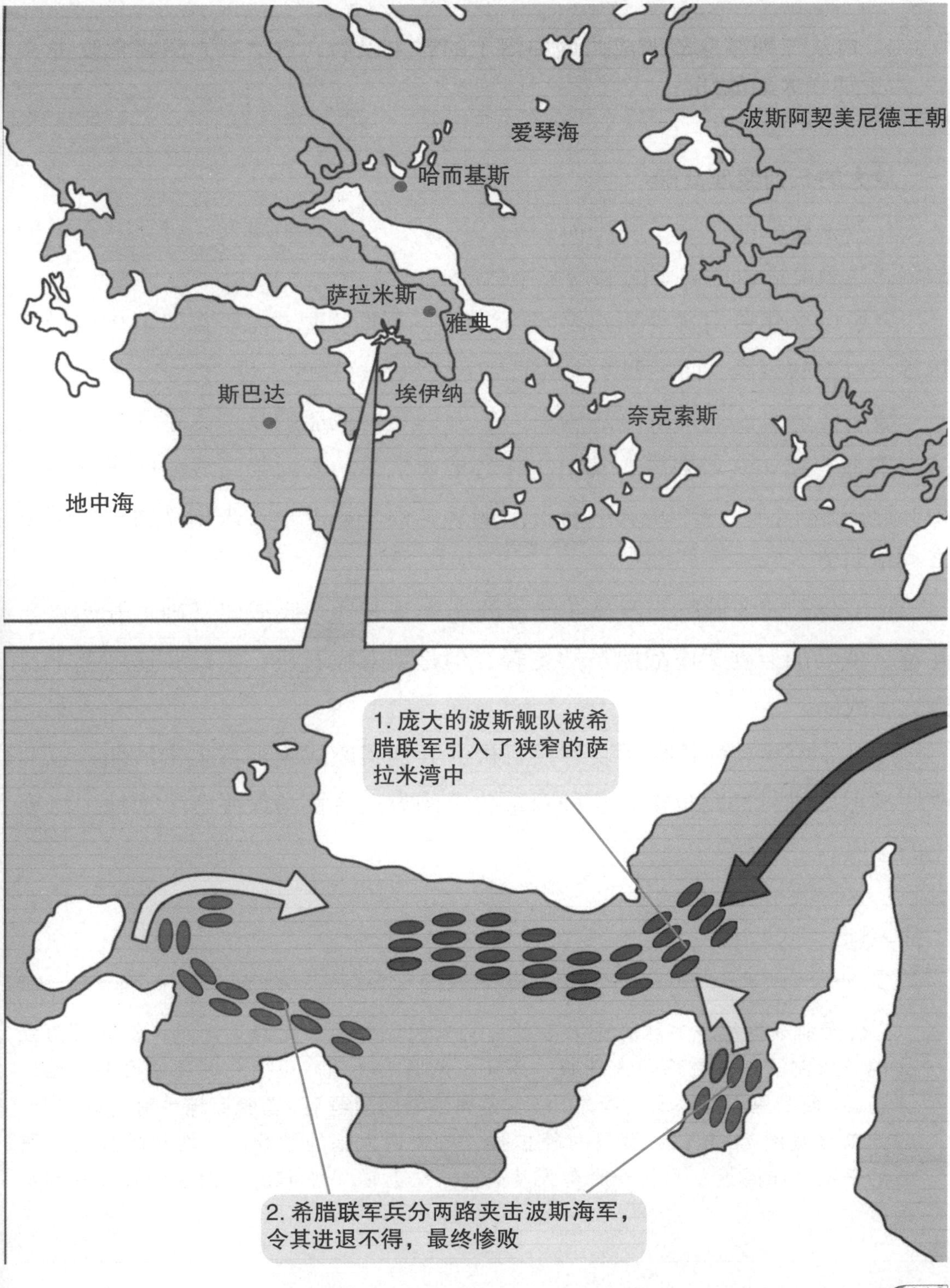
波斯阿契美尼德王朝
爱琴海
哈而基斯
萨拉米斯
雅典
斯巴达
埃伊纳
奈克索斯
地中海
1. 庞大的波斯舰队被希腊联军引入了狭窄的萨拉米湾中
2. 希腊联军兵分两路夹击波斯海军，令其进退不得，最终惨败

No.058 五列桨座战船

自从三列桨座战船成为地中海上的霸主以后，自然有人想将它改进为更加强大的战船。

放大的三列桨座战船

三列桨座战船席卷了地中海周围的国家，有人开始研发一种比它更强的战船，这就是后来迦太基的五列桨座战船。

之所以会建造出这种船，是因为海上战斗的发展，需要在船上搭载投石机等大威力的兵器，而三列桨座战船却无法承受这样的重量。

最早建造出比三列桨座战船更大的五列桨座战船的是迦太基人，五列桨座战船能容纳 420 名乘员，其中 300 名是划桨手。五列桨座战船的概念与三列桨座战船不同，并不是真的有五层船桨，而是靠五个人来划动两根船桨或者一根船桨。

到了公元前 3 世纪，罗马在俘虏的迦太基五列桨座战船基础上开始自己建造，罗马的五列桨座战船虽然更轻，但是装有投石机，因此在速度上不及迦太基战船。

在海战中罗马多选择用装有投石机的五列桨座战船远离攻击敌船，三列桨座战船则进行冲角攻击，这种双重攻击的方法令罗马最终登上了地中海霸主的宝座。

公元前 9 世纪末，腓尼基人在此建立殖民城邦。公元前 7 世纪，发展成为强大的奴隶制国家。首都迦太基城（今突尼斯城）。疆域包括北非西部沿海，西班牙南部，西西里大部以及科西嘉、撒丁岛和巴利阿里群岛，垄断西地中海海运贸易。公元前 3 世纪 70 年代，罗马对外扩张，成为迦太基的劲敌，爆发了古代史上著名的三次“布匿战争”。最后迦太基灭亡。公元前 147 年，迦太基城被罗马军夷为废墟。

五列桨座战船的构造

所谓五列桨座战船并不是有五层船桨，而是一个或者一组船桨需要五个人来操作的意思。

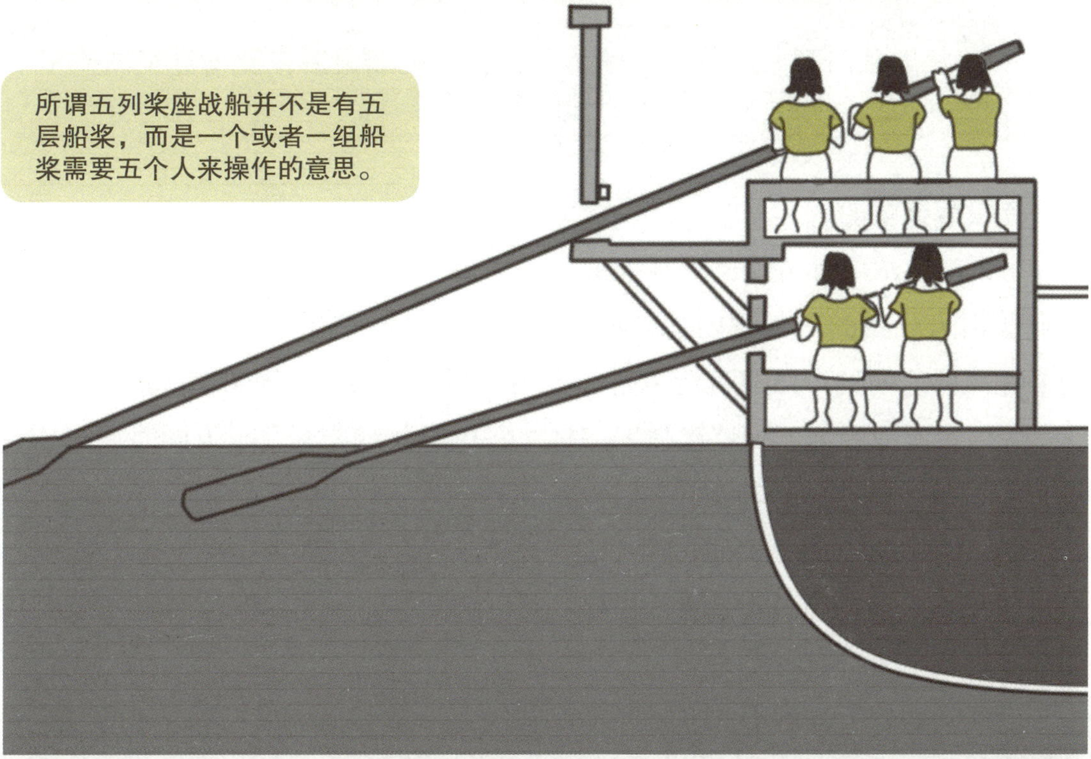

五列桨座战船的特点

1. 搭载有兵器

由于它比三列桨座战船要大，因此能够搭载投掷兵器。罗马海军在五列桨座战船上会设置投石机。

2. 乘员更多

五列桨座战船上能够容纳多大 420 名乘员，其中 300 名是划桨手。

3. 速度稍慢

虽然划桨手很多，但是因为船只的规模较大，并且设置有投石机等大型兵器，因此速度比三列桨座战船要慢。

4. 迦太基与罗马

布匿战争双方的罗马和迦太基都拥有大量五列桨座战船，全盛时期的迦太基拥有 360 艘五列桨座战船。

No.059 十桨座战船

桨帆船从三列桨座战船进化为五列桨座战船之后，罗马甚至制造了十列桨座战船，这可以算是桨帆船的最终形态了。

终极版桨帆船

三列桨座战船和五列桨座战船成为当时海军的主力以后，人们还不满足。在亚历山大死后的马其顿内乱时期，交战各方还打造出了六列桨座战船和七列桨座战船。而这个巨舰打造风暴的高潮，则是罗马的十列桨座战船。

十列桨座战船与五列桨座战船一样，每根船桨都要好几个人同时操纵（最多 10 人），划桨手更多，因此船体也就更大。

罗马所建造的十列桨座战船，长 13.7 米，吃水 2.1 米，船桨长达 12.2 米，大约需要 600 名划桨手。五列桨座战船能搭载 2~3 具投石机，而十列桨座战船最多能搭载 6 具。

十列桨座战船外形很大，因此不像其他桨帆船那么灵活，不过速度和威力却非常强。在公元前 32 年的阿克提姆海战中，屋大维方面是以五列桨座战船为主力，而安东尼则动用了十列桨座战船。

凯撒死后，罗马进入后三头统治时期，屋大维、雷必达、安东尼三巨头划分了各自的势力范围，后来屋大维解除了雷必达的兵权，他与安东尼的冲突愈演愈烈。

屋大维的船上装有一种用弩炮来发射的钳子，能够钩住敌舰，靠近以后登船作战，充分发挥罗马军队擅长陆战的优势，打败了安东尼。

阿克提姆海战，发生在公元前 32 年，也是古代世界发生在地中海最重要的海战。罗马皇帝屋大维，利用著名海军统帅阿格里帕的卓越指挥，率领 8 万步兵，1.2 万骑兵，400 艘战舰在希腊阿克提姆与安东尼对决，罗马战船采用“钳子”战术，击溃了安东尼和埃及艳后的联合舰队。

十列桨座战船的构造

十列桨座战船与五列桨座战船一样，每根船桨都要好几个人同时操纵，最多能够 10 人同时划动，因此称为十列桨座战船。

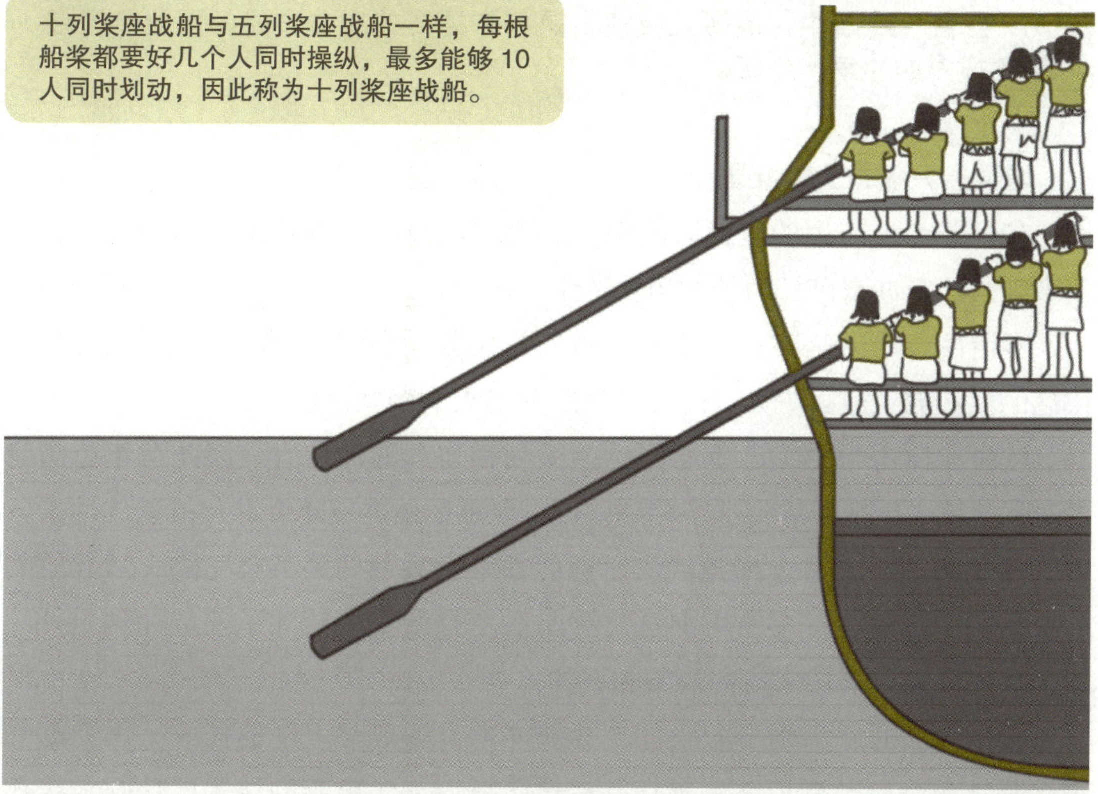

十列桨座战船的特点

1. 非常巨大

自从五列桨座战船出现以后，桨帆船就变得越来越大，最终出现了十列桨座战船。

2. 不够灵活

划桨手增多以后，船体变得更大，因此机动性有所下降，不够灵活。

3. 速度较快

罗马的十列桨座战船上有 600 名划桨手，划动起来速度很快。

4. 装有钩状鱼叉

能够将敌船拉过来展开白刃战。

No.060 战船船艏的冲角有什么用

在古代海战中，战船互相撞击是非常重要的攻击方式，因此专门增强破坏力的冲角产生了。

增强船只撞击力的兵器

在火器还没产生的古代海战中，想要破坏敌船的方式主要是撞击，为此用来加强船只冲击破坏力的冲角就产生了。

所谓冲角，就是装在船艏的一种尖角兵器，多使用金属制作，尤其是在快速的桨帆船上威力更大，能够将敌船撞出大洞令其沉没。

然而在撞击当中，己方船体也会受到相当大的冲击力，因此在建造船只的时候，就必须把船体打造得相当坚固，要求船体能够承受冲角战法的冲击。古代希腊海军特别喜欢冲角战法，他们常常会兵分两路甚至三路，从敌船的前面、后面、侧面等多个方向进行撞击。罗马的桨帆船除了安装冲角之外，还会在船上设置塔楼来防御箭矢和石弹。

埃及战船的冲角则不太一样，会把冲角设置成往上翘的样式，因为他们更多是选择顶沉敌船而不是破坏其船体，所以冲角突起的位置要比吃水线还要高很多。

为了能够让冲角充分发挥出威力，速度和撞击的时机就显得尤为重要，因此划桨手的熟练程度会直接影响到战船的战斗力。使用了冲角战法的最有名的海战，要算公元前480年波斯和希腊联军的萨拉米海战了。

萨拉米海战是希波战争中，继马拉松战役、温泉关战役之后具有决定性的一战。从此之后，希腊开始转守为攻，把波斯军队赶出了希腊本土。在这次海战中，希腊舰队仅以损失40艘战船的代价，取得了击沉波斯战船200余艘的辉煌战绩，是世界海战史上以少胜多，以弱胜强的典型战例。欧洲希腊文明也因此得以保存。

冲角的作用

在火器还没出现的古代，战船之间主要以相互撞击来摧毁敌船，因此采用冲角来加强冲击力是一种十分有效的方式。

冲角

尖锐金属兵器，安装在船艏。在冲击敌船之后，冲角能将敌船船体破开大洞，令其沉没

塔楼

罗马的桨帆船除了设置冲角，还会建造防御箭矢和石弹的塔楼

桨

五列桨座战船的特点

埃及战船的冲角比较特别，设置在船体高于吃水线的部分，这样是为了能够将敌船顶翻。

No.061 海战中的冲角战术是什么

船上安装冲角以后，也并不意味着只要径直撞上去就行了。为了有效发挥冲角的威力，还需要制定相应的战术。

常见的冲角战术

冲角在海战中最早发挥其效用，帮助舰队取得胜利是在公元前540年迦太基与希腊殖民城市阿拉利亚之间爆发的战争。

当时由于希腊许多城邦热衷于开拓海外殖民地，因此海军实力非常强大，其中一个重要的原因就是冲角的使用。

冲角攻击的方法通常有两种，第一种就是最典型的绕行战术（periplus）。所谓绕行战术，就是通过绕到敌人的侧面，用冲角撞击侧面比较薄弱的地方。由于这种战术简单迅速，并且非常使用，因此不仅仅是希腊，迦太基等其他国家都会使用。

另外一种战术就是船间突破，这在当时是只有希腊才会使用的先进战法。他们会把己方舰队组成纵向阵形，直接强行突入敌阵，破坏敌舰船桨以后在敌阵内转向，用冲角撞击陷入混乱的敌方战船。船间突破需要相当高超的操纵技术，还要具有很好的组织性和船只机动性。

为了对抗阿拉利亚，迦太基集结了大量战船，并联合了伊特鲁里亚人，最终打败了阿拉利亚。不过在局部的战斗中，阿拉利亚曾凭借先进的战术和高超的操纵技术，打败过船只数量是自己两倍的迦太基舰队。

阿拉利亚战役（the Battle of Alalia）导致了西地中海的力量新分配。尽管这次战役中阿拉利亚取得了局部胜利，迦太基人则趁机扩大了自己的势力范围，阻止了希腊对地中海的渗透，最终成为地中海地区的霸主。

绕行战术

这是冲角战船的基本战术，绕到对手的侧面，然后用冲角撞击敌船的侧面令其沉没。

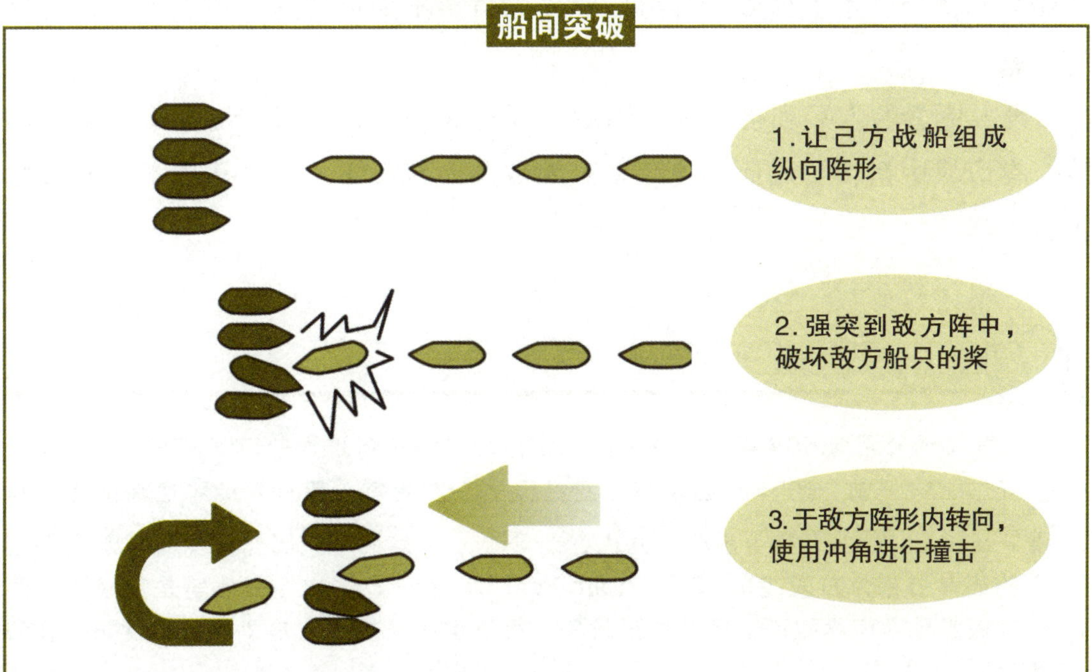

No.062 古罗马战船的接舷吊桥是什么

罗马和迦太基爆发战争以后，为了弥补在海军上的劣势，罗马发明了一种称为接舷吊桥的兵器。

在海上发挥陆战优势

公元前 3 世纪左右，罗马和迦太基围绕地中海地区的霸权展开了争夺。但是由于罗马向来是以陆战为主，因此面对拥有强大海军的迦太基非常头疼。为此，罗马人就想方设法将海战转变为陆战，接舷吊桥正是为此发明的。

接舷吊桥是长约 11 米，宽 1.2 米的长板，在其末端装有金属钩子，两侧装有栏杆，能够同时通过两名士兵。使用的时候用钩子钩住敌船，将敌人拉近以后，通过这块板子冲上敌舰，展开白刃战，这就能充分发挥罗马士兵善战的优势了。

为了能够占据战斗的优势，罗马在桨帆船两舷设置了许多接舷吊桥，并装载了更多的士兵。这样虽然船只的机动性和速度有所下降，当时对于本身在船只和操控技术上就处于劣势的罗马而言，不如牺牲这个弱点来补强自身的优点。

投入更多的士兵和接舷吊桥以后，罗马成功地将海战转变为甲板上的陆战，在海战中扭转了局面，连续多次大败迦太基海军。罗马从战术层面战胜了迦太基。

罗马于公元前 509 年建立共和国，在向地中海扩张过程中与迦太基发生冲突，公元前 264—前 146 年与迦太基之间进行了三次战争。罗马人称腓尼基人为“布匿”(Punici)，迦太基曾是腓尼基人在北非建立的殖民地，因此，罗马与迦太基之间的战争被称为布匿战争 (The Punic Wars)。第一、二次布匿战争是作战双方为争夺西部地中海霸权而进行的扩张战争，第三次布匿战争则是罗马以强凌弱的侵略战争。

接舷吊桥的结构和使用方法

罗马在面对擅长海战的迦太基时，往往处于劣势，为了改变这一现状，便发明了接舷吊桥。

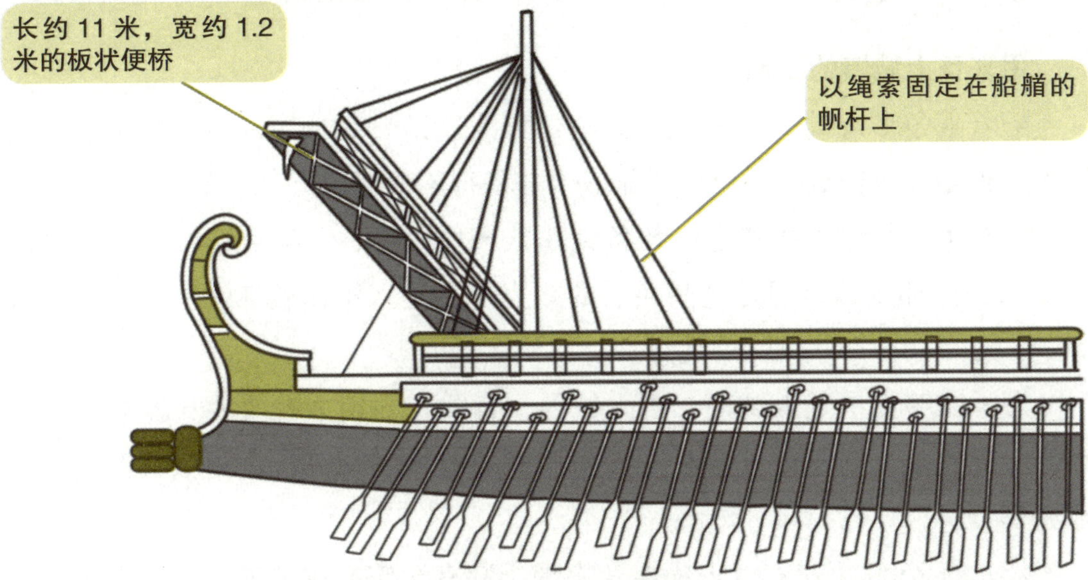

接舷吊桥的特征

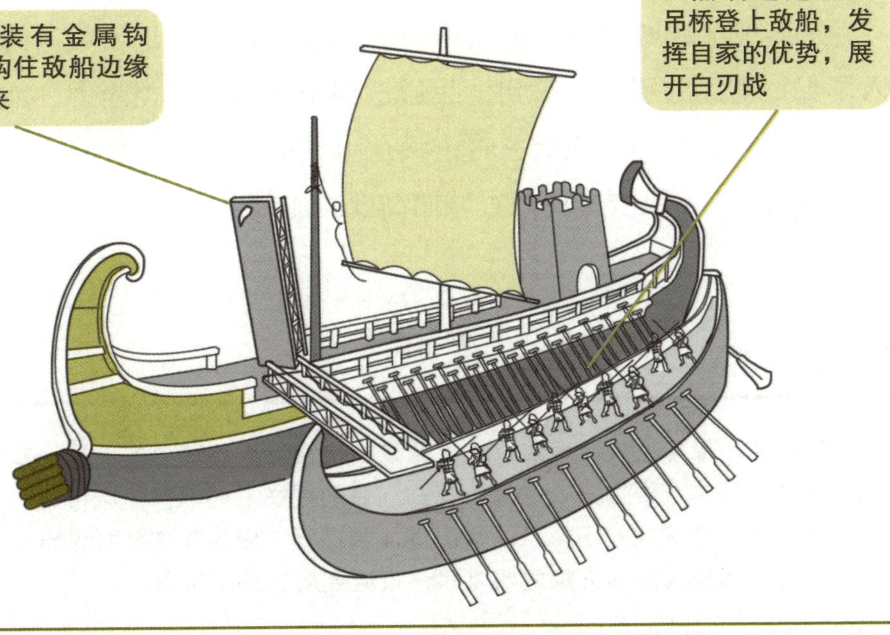

No.063 攻城兵器的始祖：攻城梯

攻城梯可以说是最早的攻城兵器了，它能够让士兵通过梯子爬上敌方城墙展开白刃战。

用来登上城墙的工具

随着战争形态的日益发达，无论是野战还是海战，战术成为决定胜负的关键。但是在攻城战中，仅仅依靠战术却是行不通的。

投石机、弩炮等兵器全面装备到军队当中以后，士兵可以轻易攻击城墙上敌人并损坏城墙，但是这些兵器的威力还不足以迅速破坏城墙。因此，守城一方还是会占据压倒性的优势。

为了能够更快登上城墙，进入城内，各式各样用来登墙的兵器被发明了出来。其中最为常见的就是后文即将提到的攻城塔和算得上攻城兵器始祖的攻城梯。

公元前2500年左右，古代埃及出现了装有车轮的攻城梯。埃及军队在攻城之前会提前调查目标城墙的高度，从而打造出合适大小的攻城梯。这种梯子下端装有车轮，士兵可以通过推动车轮将梯子搬运到目标城下。

后来出现了攻城梯的改进版本——琴桥，它不仅是攻城梯的放大版，还加入了保护士兵的屋顶，等到士兵通过梯子进入到屋顶当中，就会在另一端装入大量石块，令梯子翘上去将士兵送上城墙。通过石块的多少能够轻松调节梯子的高度，不需要提前调查城墙高度才能制造。

攻城梯是最常见攻城兵器，在攻城战中往往是必不可少的工具。攻城战指的是古代对城堡、城市或要塞进攻的战争模式。目的往往是夺取目标城市的资源以及控制战略要地。通常攻城战是不得已的情况下才会进行，因为往往需要付出巨大的代价才能达成目标。等到火药与火炮发明以后，攻城变得容易了很多。

埃及的攻城梯

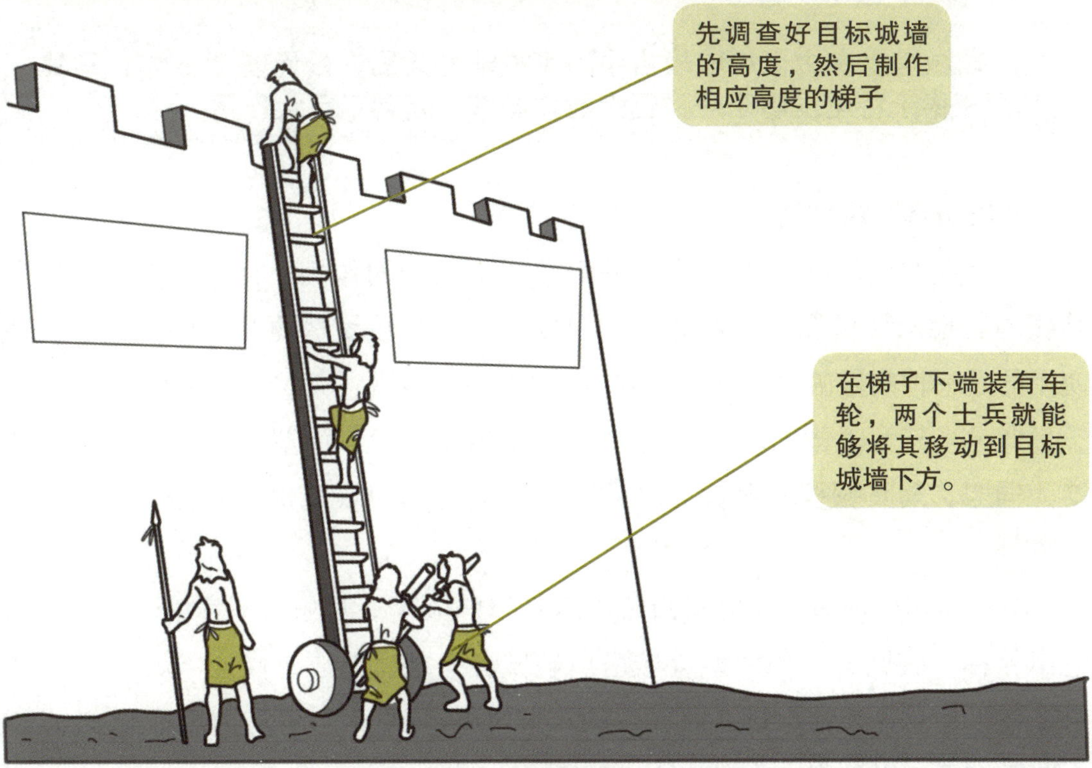
先调查好目标城墙的高度，然后制作相应高度的梯子
在梯子下端装有车轮，两个士兵就能够将其移动到目标城墙下方。

琴桥

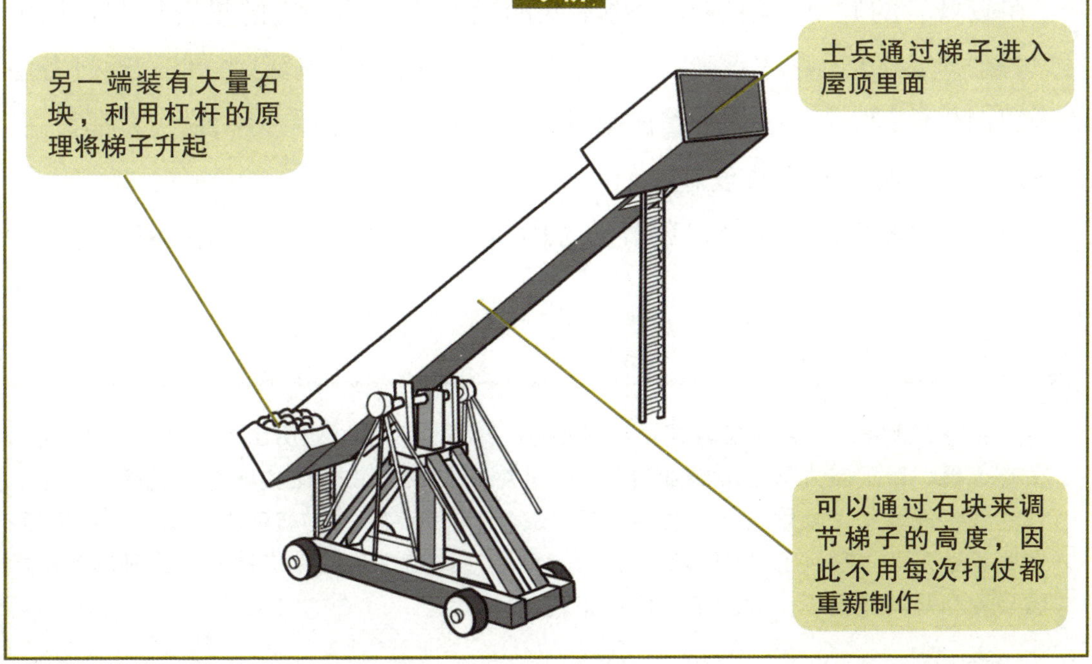
另一端装有大量石块，利用杠杆的原理将梯子升起
士兵通过梯子进入屋顶里面
可以通过石块来调节梯子的高度，因此不用每次打仗都重新制作

No.064 马其顿的攻城塔

攻城塔是在古代攻城战当中不可或缺的兵器，公元前305年，马其顿国王德米特里发明了一种巨大的攻城塔，起到了巨大作用。

“破城者”攻城塔

在无数的攻城战当中，攻城塔都发挥了巨大的作用，而公元前305年马其顿国王德米特里在攻打罗德岛的时候所使用的攻城塔更是其中的代表。他使用的是一种叫做破城者（helepolis）的大型攻城塔，其尺寸十分庞大。

当时马其顿王国与埃及的托勒密王朝相互敌对，而罗德岛与托勒密王朝结为同盟，马其顿担心罗德岛利用其优势的海军为埃及提供支援，因此便出兵攻打。

罗德岛四面环海，易守难攻，德米特里的大军一时陷入了窘境，后来他制造出号称“破城者”的大型攻城塔。破城者一共有9层，高43米，需要200人操作大型绞盘才能移动，而亚述的攻城塔只有10米，罗马的也不过30米，因此破城者可以算得上十分巨大。

在破城者的底下3层装有大小不同的投石机，第一层的投石机非常巨大可以投射重达82千克的石弹。第四层以上则搭载弓兵和弩兵，他们通过各层的枪眼向外放箭。另外，它的外侧全部都用铁板包覆，防御力和耐久力都很高，在各层甚至还都备有灭火设施。

破城者虽然破坏了罗德岛的外墙、内墙，但是最终还是没能攻陷罗德岛。

亚历山大死后，希腊各城邦及波斯各地，都乘机反抗。亚历山大部将又互相厮杀，争夺土地，帝国就立即进入继业者战争中，最后分裂为三个比较巩固的希腊化国家。他的部将托勒密占领埃及及叙利亚南部，建立了托勒密王朝；塞琉古占领了小亚细亚、美索不达米亚、叙利亚北部和伊朗高原，建立了塞琉古帝国；安提柯占据马其顿和希腊自称为马其顿国王，建立了安提柯王朝。

马其顿与托勒密王朝的位置关系

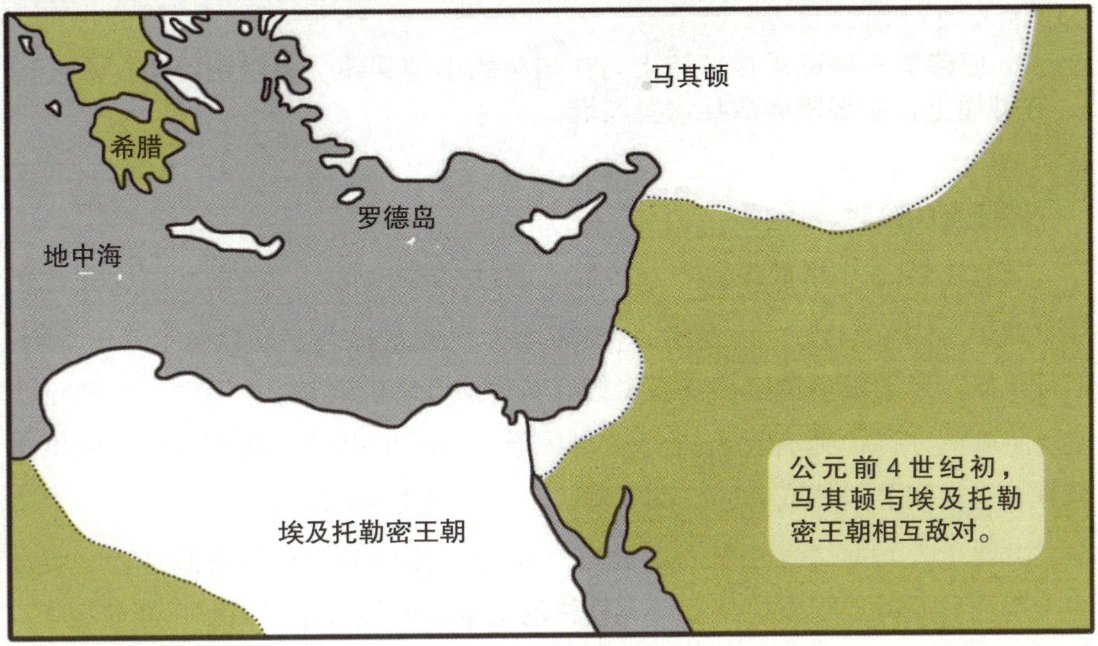

破城者

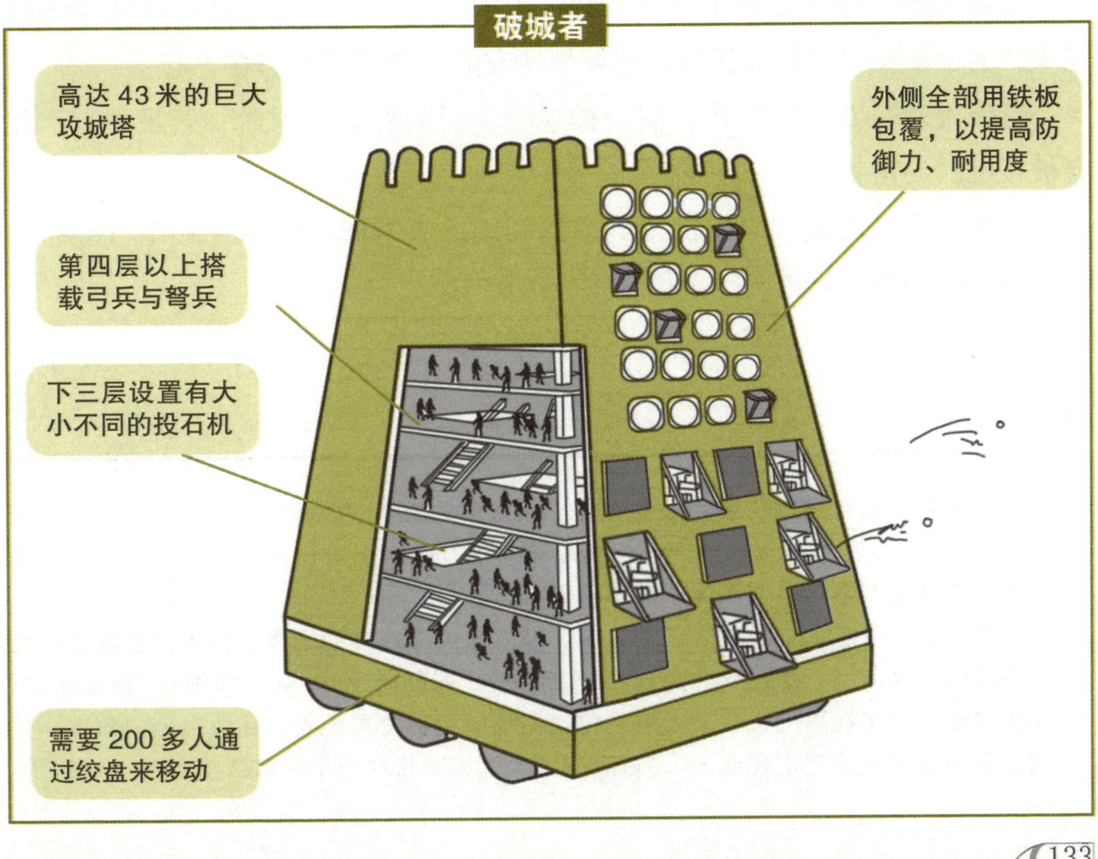

No.065 什么是鹿砦

鹿砦是一种设置在城墙上当作陷阱的小型兵器，是把削尖的树木插在城墙上，能够阻碍敌兵攀登城墙。

城墙上的陷阱

虽然攻城一方拥有各种攻城兵器，不过在攻城战中，占据地利的守方仍然是占据压倒性的优势。只要有充足的粮草，甚至能够持续守在城中数年之久，但是攻城一方的粮草供应往往需要经过长途跋涉才能运达。

而攻城方哪怕拥有投石机等大型兵器，也不足以轻易破坏城墙，如果防御方若是在用上同等威力的防御兵器，则优势就更加明显。

出现于公元前 2 世纪左右的鹿砦，就是一种小型的防御兵器。它一般是用带有分叉的树干制成的，把所有枝桠的末端都削尖，即可当作兵器使用。

削尖的鹿砦常常会制作许多，将数十根、几百根密集地插在城墙和土垒当中，为了不让敌人轻易拔掉，还要把所有的鹿砦根部都绑在一起。

当敌兵攀登城墙的时候，就会被这些尖锐的鹿砦所阻碍，若是硬上，就会被枝桠的尖角刺伤。

鹿砦在许多攻城战当中都得到广泛使用，有时候还会埋在敌军行进的路上，用来阻碍敌军行进甚至杀伤进军中的敌军。

树干鹿砦主要用以防装甲战斗车辆。设置时将直径 20 厘米以上的树，在距地面 0.6 ~ 1.5 米处交叉伐倒或炸倒，使树冠朝向敌方，树干与树桩不要完全断离，并在折断处用铁丝系连。设置纵深一般不小于 30 米。

树枝鹿砦用以防步兵和防运输车辆。可就地设置或移动设置。就地设置是在现地将并列的直径不小于 15 厘米的树交叉伐倒，使树冠朝向敌方，并砍掉细枝，削尖粗枝，用叉桩将其固定在地上；移动设置是将伐倒的树运到设置地点，使树冠朝向敌方，并用铁丝和叉桩将其固定在地上。（苏鹏程《中国军事百科全书·军事技术》）

1 2 3 4 5

鹿砦的使用方法

在古代的攻城战中，防御一方占据地利拥有压倒性优势，为了防止敌兵登上城墙，会在墙上埋上一种叫鹿砦的小型陷阱。

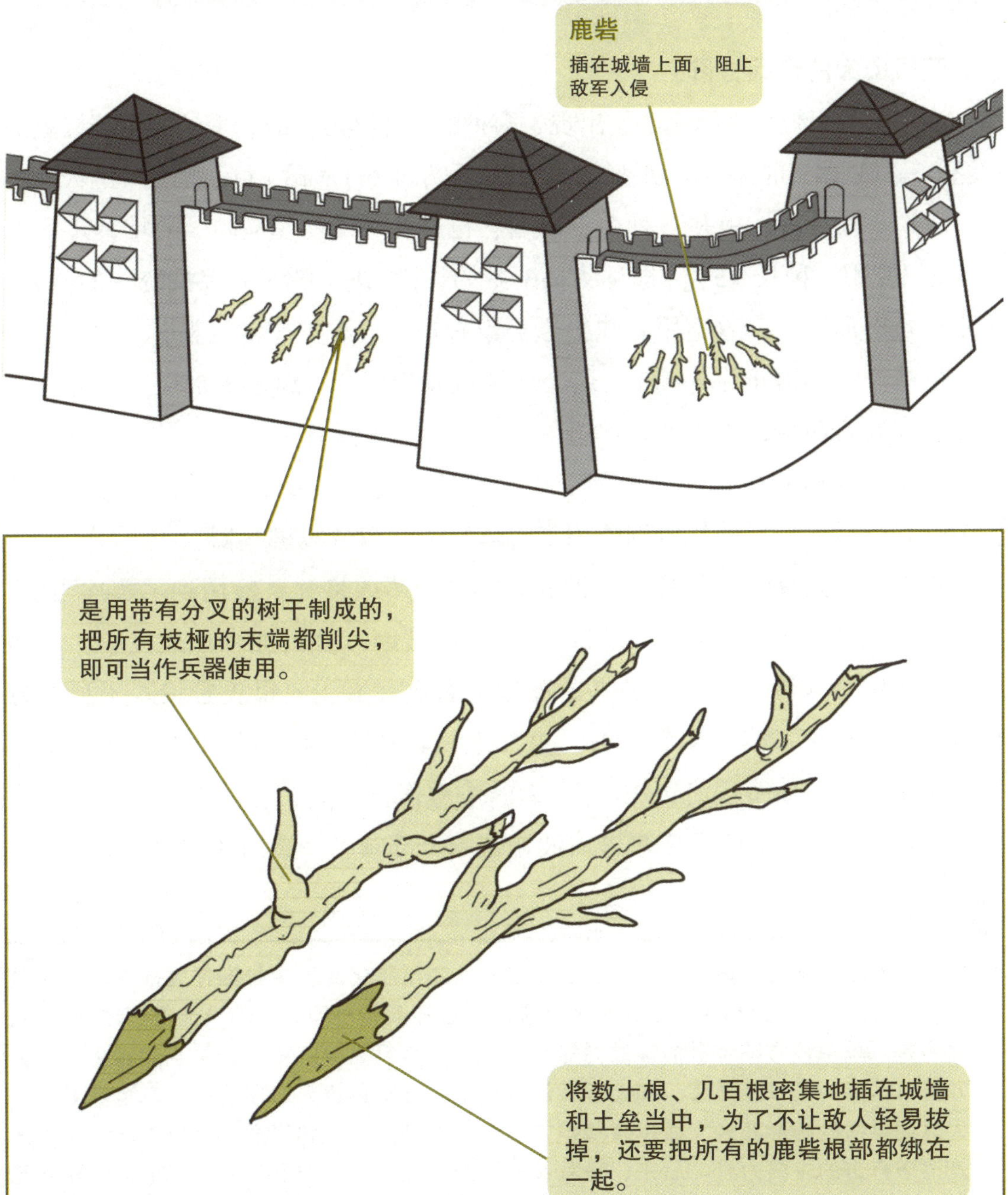

No.066 步兵方阵

步兵方阵是装备长枪的步兵集团，训练有素的士兵能够通过方阵将敌军压倒。

亚历山大的步兵方阵

当军队的组织越来越完整，出现了多种的战斗阵形，战场上的战术选择更加广泛。马其顿国王腓力二世创制的马其顿步兵方阵（phalanx）可谓是其中的代表。

所谓步兵方阵，就是一种由 256 名长枪兵构成的叫做 speira 的重装步兵部队。他们使用一种长 5.5 米，被称为 sarissa 的长枪，进击的时候保持统一的队列。手中还持有盾牌，身着铠甲，腿上也都戴有护具，防护非常完整。

在进攻中，相邻的 speira 间还会继续进一步配合，组成更加巨大的方阵，相互之间配合防御，组织非常严谨。

在保持阵形的状态下，全部士兵都把长枪前倾，令敌兵无法靠近，从而各个击破。后方士兵的长枪则能用来打落敌人放射的投掷兵器。

亚历山大大帝将其父腓力二世的方阵进一步改良并且应用到了实战当中。在亚历山大东征的过程中，其步兵方阵所向披靡。在高加米拉战役中，亚历山大大帝亲率 4 万步兵进攻波斯，而波斯君主大流士三世更是投入了近百万兵力，但因指挥不当、军心涣散，更加之马其顿军队的英勇善战和亚历山大的英明指挥，波斯帝国终以 10 万余人的惨重伤亡败退，君主大流士三世也于战后被杀。亚历山大随即率军进占波斯帝国全部领土，波斯帝国灭亡。

亚历山大死后，马其顿方阵在继业者战争和希腊化时代中仍旧作为战斗队形出现于战场之上，但腓力和亚历山大创造出来的诸多多兵种协同战术却没能得到继续发展，反而越来越依赖方阵本身的推进力量。方阵装备变得更为沉重、长枪也变得更长，使方阵机动能力进一步退化。加上步兵训练不够，方阵再也无法展现腓力二世和亚历山大时期灵活的阵形变换。而本该掩护方阵侧翼的骑兵数量和素质都有所下降，也不再是突破打击的主要力量。后来，马其顿王国和他们的方阵与罗马共和国的战争中败给罗马军团，退出历史舞台。

组成步兵方阵的 speira

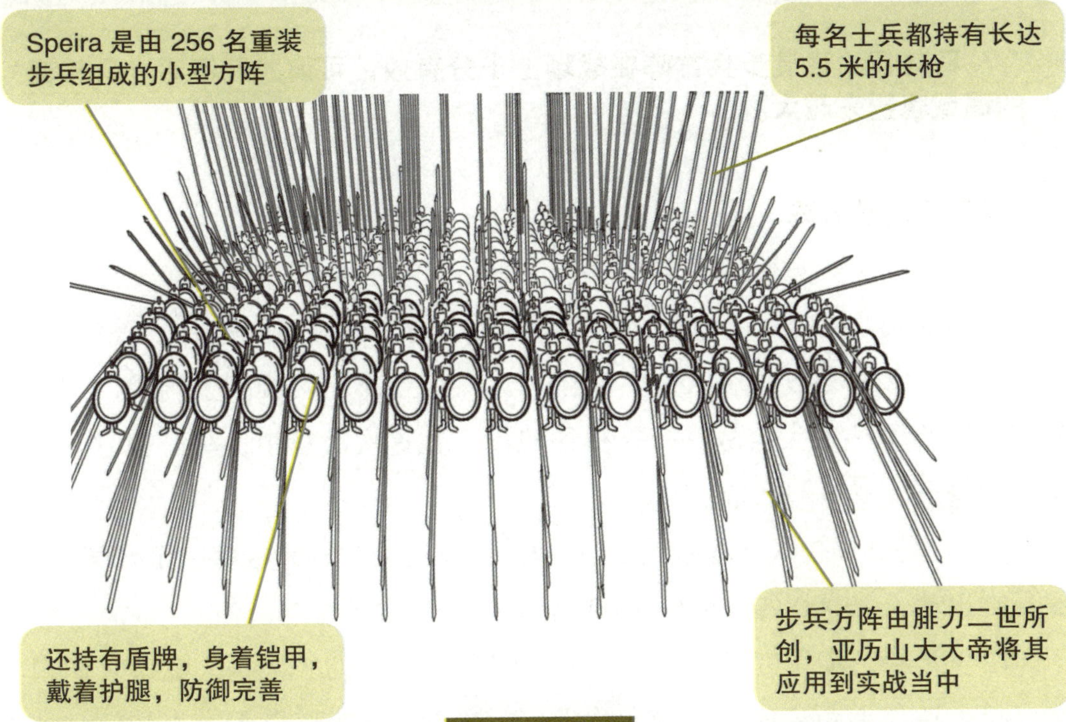

方阵的弱点

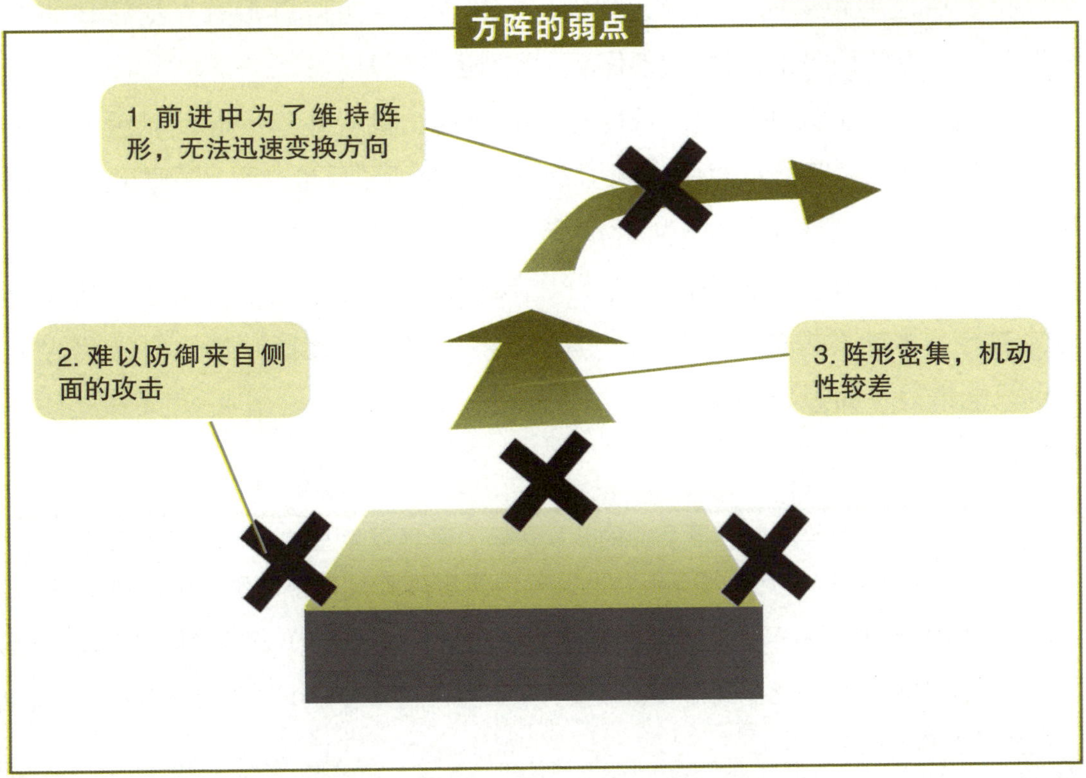

No.067 步兵方阵如何战斗

马其顿的重装步兵方阵在战场上十分有效，可谓战无不胜，马其顿的疆域也越来越大。

罗马军攻破方阵

马其顿的步兵方阵只要能够保持阵形，几乎是所向披靡。正如前文中所提到的高加米拉战役，大流士正是无法攻破方阵，最终只能败退。

然而，常胜不败的军队是不存在的。在第三次马其顿战争当中，罗马与马其顿进行了一次大会战——彼得那战役。在这次战役中，马其顿方阵被罗马军团打败，罗马君临希腊世界。

当时，马其顿投入方阵步兵21000人，其他还有19000名步兵和4000骑兵，罗马则出动了33000名步兵和5000名骑兵。

在一开始，步兵方阵仍占据优势，但是罗马军的士兵每人配备了两根投掷标枪，通过远距离向马其顿方阵投掷标枪，步兵方阵阵形有点崩解，加上地形起伏，方阵前进的速度参差不齐，队列逐渐混乱。

当时马其顿士兵使用的是长度达到6米的长枪，在阵形混乱以后，单兵战斗力并不强，尤其是近战中遭到了罗马军队的猛烈反击。罗马军队从背后、侧面多个方面围攻方阵，方阵因此崩溃，马其顿很快战败。

虽然方阵拥有相当强悍的战斗力，不过这也是要在亚历山大这样英明的统帅领导下才能发挥的。一旦国家国力衰弱或者将领无能，那么再强大的军队也只能谱写一曲最后的挽歌。

罗马共和国和马其顿王国之间的3次战争。最终以罗马控制马其顿王国而告终。第
次战争（公元前214—前205年）马其顿国王腓力五世取得胜利。第二次战争（公元
200—前196）中，罗马大获全胜，消灭了腓力的海军。罗马又发动了第三次战争（公元
171—前168），腓力之子佩尔修斯战败，最后在彼得那会战中马其顿全面失败。此后马
顿成为罗马的一个行省。

1 2 3 4 5

彼得那战役图示

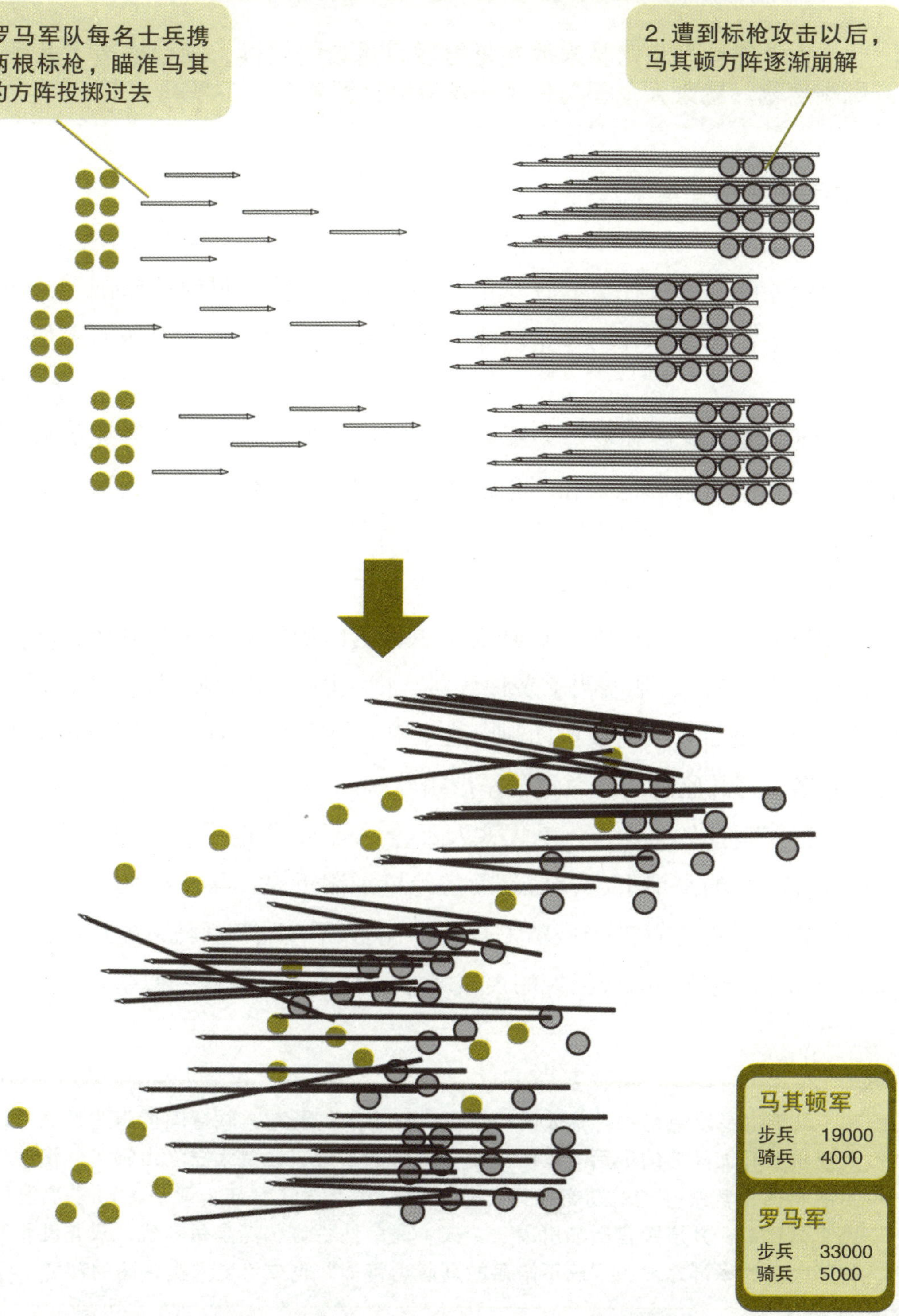
1. 罗马军队每名士兵携带两根标枪，瞄准马其顿的方阵投掷过去
2. 遭到标枪攻击以后，马其顿方阵逐渐崩解
马其顿军
步兵 19000
骑兵 4000
罗马军
步兵 33000
骑兵 5000

No.068 铁壁要塞：尤里亚勒斯与马萨德

古希腊数学家阿基米德在抵挡罗马进攻的时候，规划建造了尤里亚勒斯要塞。犹太人也曾勾住了一座马萨达要塞来防卫罗马。

固若金汤的要塞

军队的战斗力由于训练、组织、指挥等因素的不同，战斗力水平各不相同。战斗力较差的一方往往会躲在城池当中来补强己方，同时能够削弱敌军的战斗力。加上古代粮草补给非常困难，敌人只要龟缩城内，攻城一方便会陷入困境当中。

即便如此，亚述和罗马的军队依旧很擅长攻城拔寨，若要凭借城池与他们对峙，城池的防御也要相当稳固才行。因此，人们就专门建造了一些固若金汤的要塞。

其中有一座要塞在罗马的猛烈进攻下支撑了两年之久，它就是位于叙拉古的尤里亚勒斯要塞。尤里亚勒斯是由希腊注明的数学家阿基米德于公元前400年主持建造的，他发明了多种兵器，将城墙重新规划设计，并配置了投石机等兵器。正面有三道壕沟防御，在要塞的东侧则设置有兵营与蓄水池。城墙上还盖了好几座高塔，对罗马军严密监视。

还有一座有名的要塞，是犹太人于公元前30年前后建造的马萨达要塞。建在高457米的高地上，背后是断崖绝壁，附近是寸草不生的不毛之地，攻城一方没有任何能够抵挡城墙上攻击的遮蔽物。后来罗马人建造了一条高达206米的陡峭土坡，配合巨大的攻城塔才最终攻陷这座铁壁要塞。

马萨达是以色列古代犹太国的象征，犹太人的圣地，联合国世界遗产之一。犹太人反抗罗马人侵略的最后战役就发生在马萨达。近千名犹太男女占领了死海附近的马萨达希律王宫殿并构筑防御工事。他们在这里坚守了3年，最后900多名马萨达居民集体自杀，并烧毁宫殿和房屋。今天，马萨达古城仍然是每年犹太成年礼仪和新军誓师大典的举行之地。“永不陷落的马萨达精神”也成为全人类共同的瑰宝。

尤里亚勒斯要塞

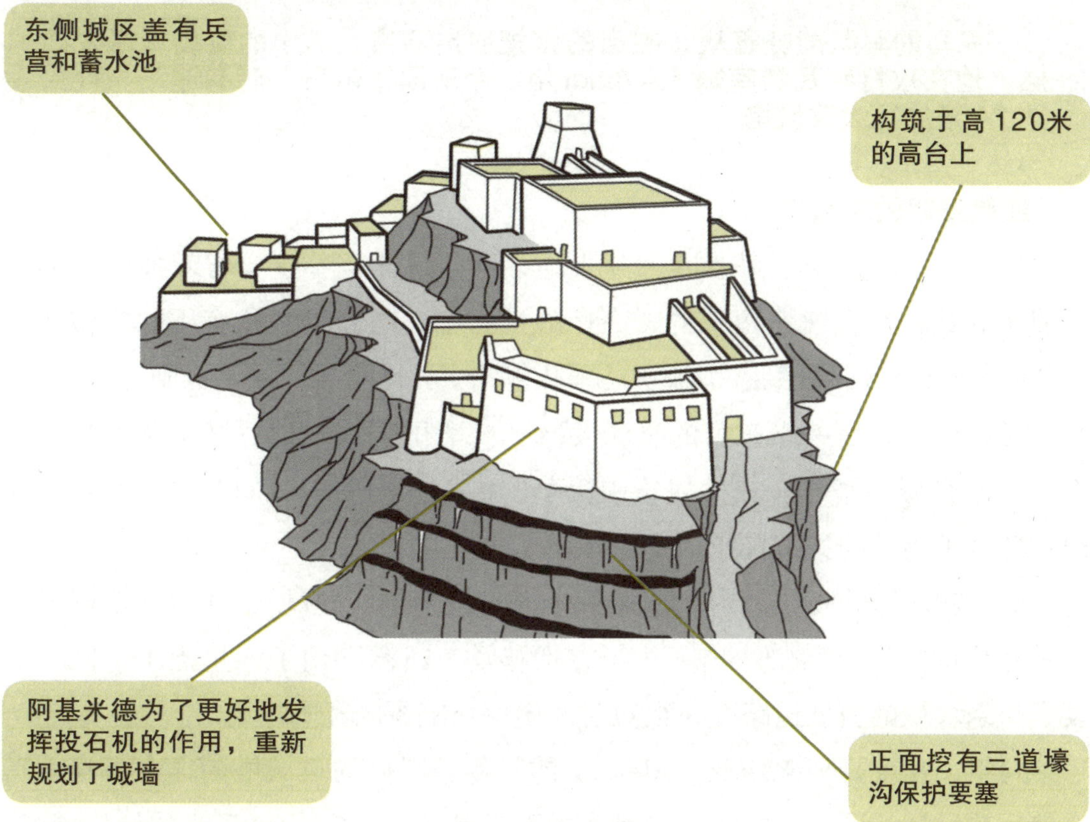

马萨达要塞

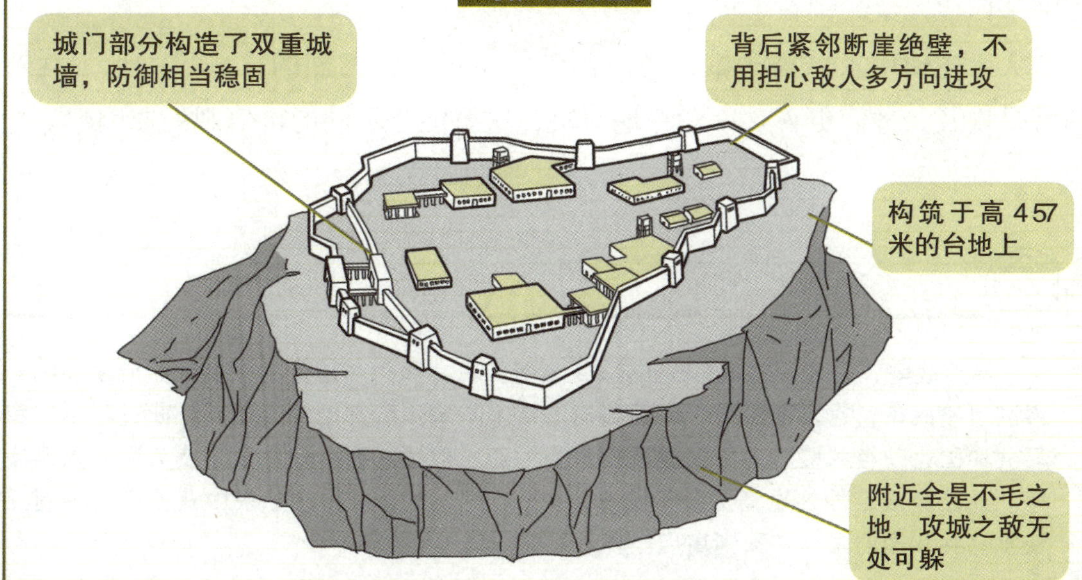

No.069 罗马军队的攻城塔

罗马的军队能征善战，杰出的将领层出不穷，其中的佼佼者就是凯撒。他在攻打阿瓦利库姆（Avaricum，今法国布尔日）时制造了一种高达 24 米的巨大攻城塔。

凯撒发明的攻城塔

罗马的军队征服了亚非欧大片土地，他们也非常善于学习其他国家的先进战术和兵器。在凯撒留下的《高卢战记》中，记载了多长有用的攻城战。在公元前 52 年 5 月，凯撒率领罗马军队包围了比图里吉人统治的阿瓦利库姆。

阿瓦利库姆是一座有名的坚城要塞，比图里吉人知道罗马军队的强大，因此就躲在城中坚守。古代战争中粮草的供应并不便利，加上比图里吉人提前就烧毁了周围的城市村庄，凯撒必须尽快破城才行。

结果在短短的一个月内，凯撒就令人打造出了一座高达 24 米的攻城塔，以及相应的能够旋转的小塔。为了方便移动，凯撒动用了大量土木工匠，铺设了一条攻城的斜坡道路，在很短时间内就攻陷了阿瓦利库姆。

同年，在攻打阿莱西亚（Alesia）的时候，凯撒的攻城塔同样大显身手。在使用攻城塔的同时，凯撒还在阿莱西亚四周打造了长达 28 千米的栅栏城寨，把阿莱西亚完全封锁在了里面。

从亚述使用攻城塔开始，各国都曾发生过非常激烈的攻城战，唯一例外的就是埃及，他们更喜欢一对一地对决，这可能是不同的价值观的原因吧。

高卢战争，是公元前 58 年至前 52 年间罗马共和国对高卢的众多部族所发动的一系列侵略战争，也是凯撒为了增强自己的实力与威信所发动的远征。在此过程中，罗马共和国也曾经入侵不列颠尼亚及日耳曼尼亚，但并未在这些地区演变为全面入侵战争。此战争决定性的高潮是公元前 52 年的阿莱西亚之战，在此役中获得完全胜利促使罗马共和国的国土扩张到高卢全境。

1 2 3 4 5

凯撒进军图示

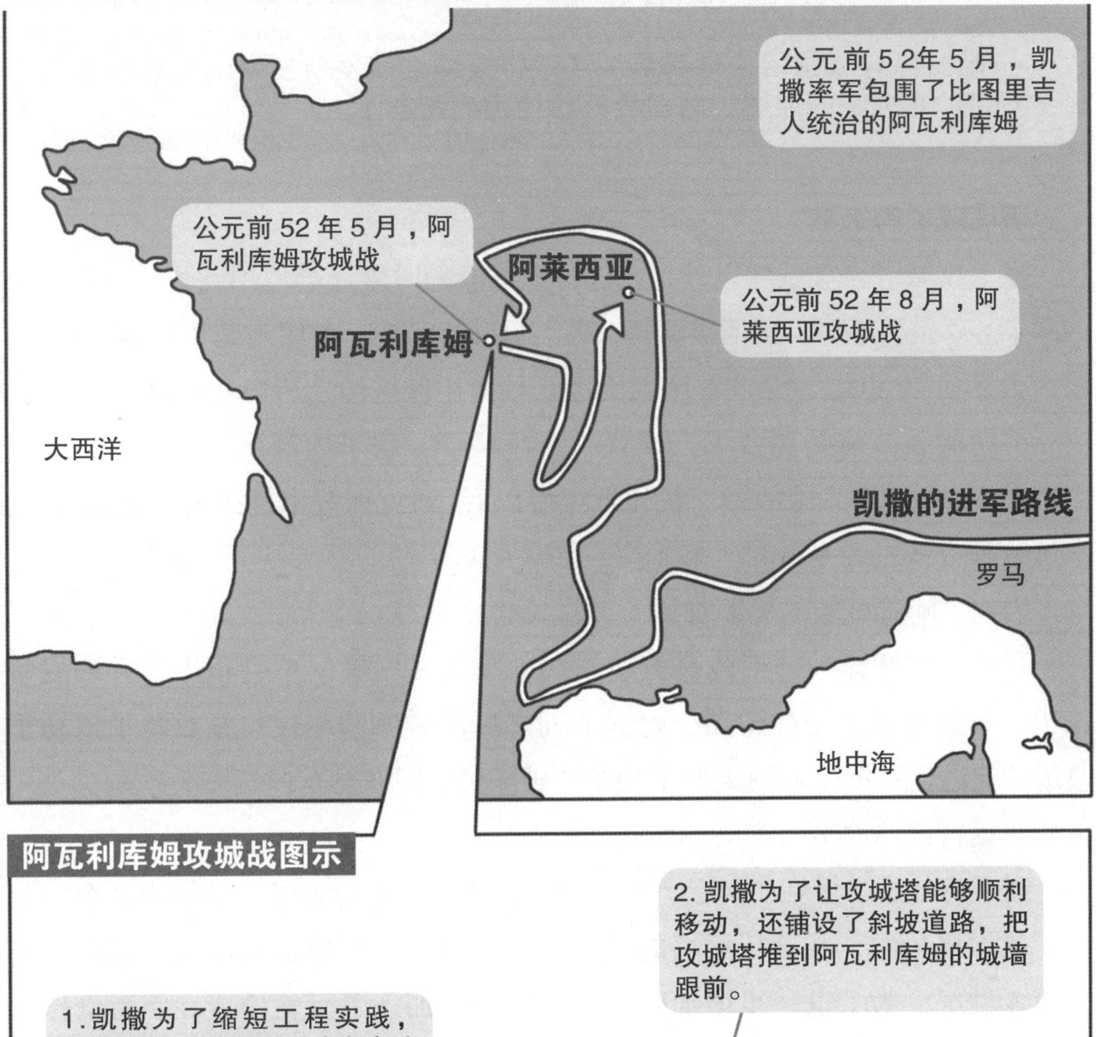

阿瓦利库姆攻城战图示

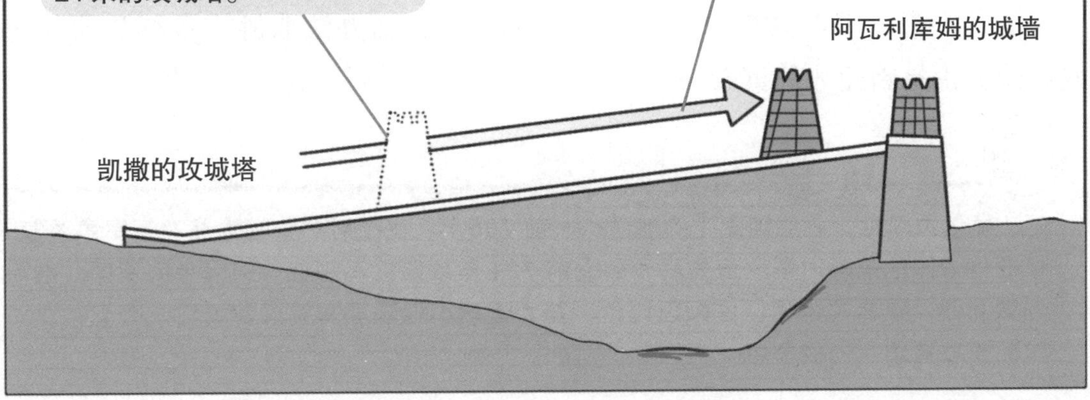

No.070 破墙毁城的破城锤

破城锤与攻城塔一样都是为了进行攻城战而发展出来的兵器。早在公元前 18 世纪的亚述，就已经开始使用破城锤了。

破墙毁城的工具

除了攻城塔与攻城梯以外，在进行攻城战的时候还会使用到另一种很重要的兵器，就是破城锤。所谓破城锤，顾名思义，就是一种用来破坏城墙的锤子。早在公元前 18 世纪，亚述军队就已经开始使用破城锤，历史非常悠久。

早期的破城锤是在台车上设置一个小房子，房子内部悬吊一根长木桩，木桩的末端安装有铁制尖头，在靠近城墙以后，通过摇荡木桩撞击来破坏城墙。不过这种方式主要是针对土墙土垒，如果面对坚固的石墙就无可奈何了。

因此，随着城墙的不断加固，破城锤也变得越来越大。

同样，破城锤的外形也是五花八门，早期破城锤的车轮很小，并未安装轮辐，只适合在平坦的道路上行进。而之后的破城锤不仅仅是对轮子进行了改进，亚述还制造了一种类似于冲车的破城锤，即在台车前端安装铁制尖头，依靠车辆行进的冲击力来破坏城墙。

到了萨尔贡二世在位（公元前 722—前 705 年）的时候，破城锤甚至安装在了攻城塔当中，在破坏城墙的同时由塔上的弓兵来射击城墙上的敌人。公元前 4 世纪，为了进一步增加破城锤的威力，加入了齿轮构造，使得操作人员减少，破坏力却得到了增强。

总之，在古代攻城战中，攻防双方都想尽一切办法取胜，攻城兵器与守城兵器也正是因此才能繁荣。

萨尔贡二世，亚述国王（约前 722—前 705）。在位时扩张领土并实行军事改革，使亚述帝国的鼎盛时期。曾先后于公元前 721 年攻陷撒马利亚，灭以色列王国。继而侵叙利亚，败乌拉尔图，占领巴比伦。势力远达小亚细亚和塞浦路斯岛。公元前 705 年死于攻掠埃兰的战争中。

破城锤的构造

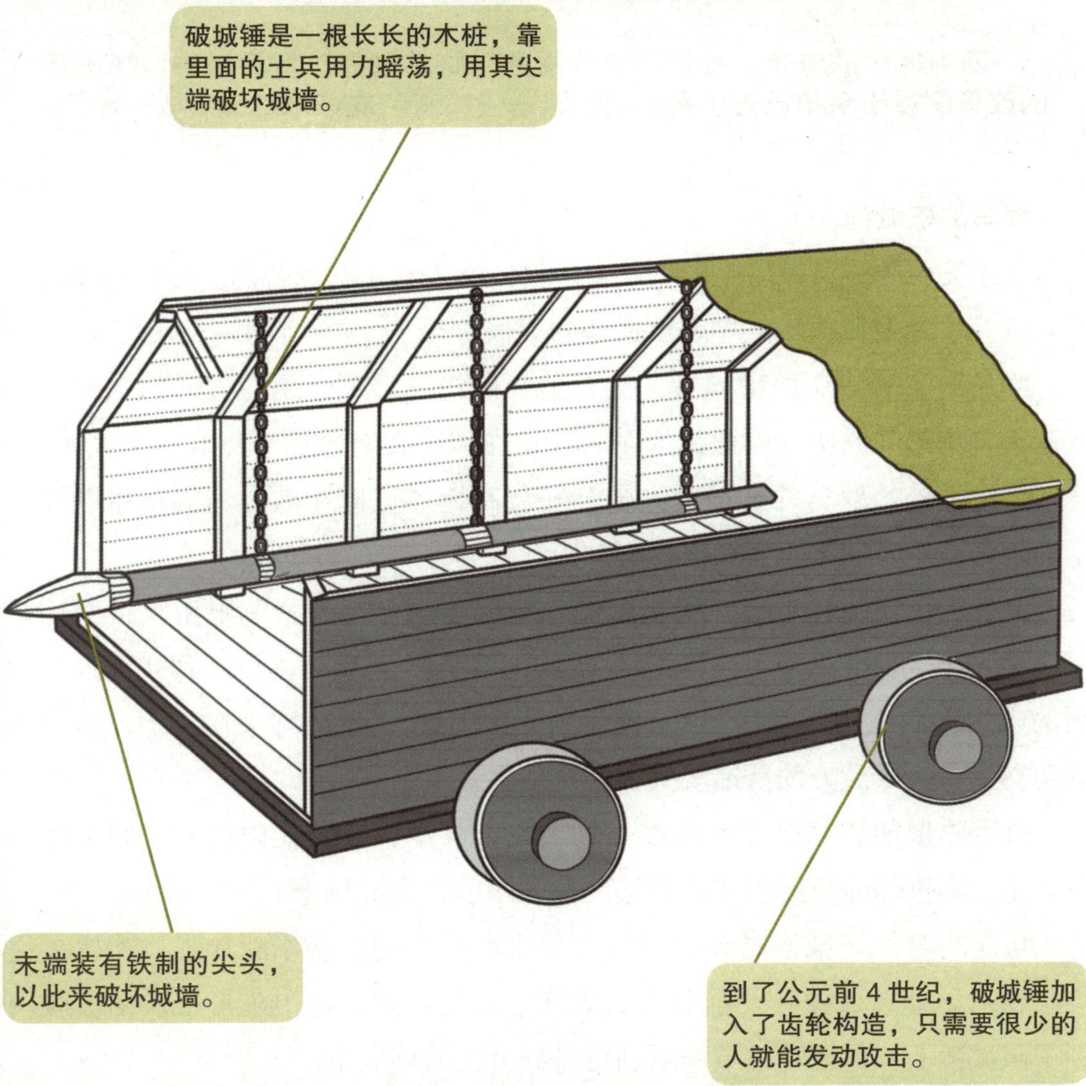

破城锤的发展

公元前 18 世纪	公元前 8 世纪	公元前 4 世纪
亚述在攻打努尔古的时候，开始使用破城锤。早期的破城锤只对土墙土垒有效果。	城墙不断加固，破城锤也随之加大以提高破坏力。还产生了一种安装在攻城塔里的破城锤，可以在破城的同时由弓兵攻击敌人。	破城锤采用了齿轮构造，使用更少的人能发挥出更强的威力。

No.071 “龟甲型破城锤”是什么

随着时代的进步，破城锤也发展除了许多形态。罗马对破城锤进行的改良侧重于保护己方士兵，在破城锤上加装了皮革木材等制成的屋顶。

罗马的破城锤

亚述发明的破城锤由于威力巨大，很快就传到了欧洲各国。尤其是罗马，破城锤几乎是他们攻城战中不可或缺的兵器。

罗马军队所使用的破城锤（公元前 5 世纪以后），是在方形的木料末端安装上羊头形的铁头。因此称为 aries，这在拉丁文当中是“公羊”的意思。

除此之外，罗马的破城锤大多会安装有掩体，即在破城锤的小屋上铺设了兽皮布料等，用来抵挡敌人发射的火箭。

这种加装了掩体的破城锤被称为“龟甲型破城锤”，龟甲型是指罗马军队在战场上的阵形。这是一种密集防御的阵形，士兵会排成 3 列或 4 列，四周的士兵将自己的盾牌朝向外侧，而中间的士兵则将盾牌举在头上，整个阵营防御完善，令敌方的弓箭等兵器完全失去效果。

龟甲阵形能够令己方部队在战场上安全移动，虽然在防御的时候无法进行攻击，不过却能毫无损伤地行进到敌人跟前，在战场上非常实用。

与此同时，守城方对破城锤等大型攻城兵器的攻击不断加强，希望在这类兵器对城墙造成损坏之前就将其破坏。正是如此，龟甲阵形很快便被应用到了破城锤上，保护着破城锤顺利行进到敌方城墙底下。

亚述国家的政治、经济、文化都带有浓厚的军事色彩。亚述时期留下的浮雕作品，几乎全是与军事有关。全民动员、军国主义、分工编组、机动作战、工程辎重、各个击破等都是亚述人的创造，考古学家在亚述国王萨尔贡二世王宫的一个武器库里，就发现了近两百吨的铁制武器，其中就有攻城槌。在一幅描绘了亚述军队攻打一座城池的情形的浮雕上，我们可以看到右边一辆装有攻城锤的战车撞击着敌方的土坯城墙，这个攻城槌就有西方攻城槌的典型特征——公羊头。

罗马的破城锤

亚述发明的破城锤传到欧洲以后，在罗马得到了新的发展。

罗马军队使用的破城锤是在四角木料末端安装上羊头状的铁块，称为aries。

为了防止敌方破坏破城锤，会在破城锤上的小屋四周加装兽皮，可以有效防御火箭的攻击。

龟甲阵形

这是一种密集防御阵形，士兵排成 3~4 列，外侧的士兵用盾牌防御四周，中间的士兵则抵挡来自顶部的攻击。在这种阵形下，敌方的投掷兵器几乎会失去效用，不过同时己方也无法进行攻击。

No.072 攻城塔与破城锤的的实战效果

攻城塔与破城锤是古代攻城兵器的主力，其地位几乎是无可替代的。像亚述、罗马、马其顿等国家都曾大量使用这两种兵器。

攻城战的主力

攻城兵器最能发挥威力的场合自然是在攻城战当中。公元前 701 年，亚述国王辛那赫里布率军远征犹太。在攻打拉吉（Lachish）的时候，就曾进行了一场大规模的攻城战役。起初，辛那赫里布进行了劝降，拉吉守军拒降后，亚述着手制造攻城塔与破城锤。随后由工兵堆砌工事，建成了一条直通拉吉城下的斜坡道路。攻城塔与破城锤双管齐下，在放箭射杀敌兵的同时，用破城锤破坏城墙与城门。在这么密集的攻击下，拉吉没几天就被攻陷了。

在公元 74 年罗马攻打马萨达的时候，攻城塔与破城锤也发挥了巨大的作用。马萨达位于死海旁边，号称“永不陷落的要塞”。为此，罗马建造一座高达 30 米的攻城塔，表面覆有铁板，在上数第二层设置有破城锤。罗马军生生用破城锤砸毁了马萨达西侧的城墙，然后通过攻城塔最上层的栈桥冲进城内，攻陷了这座坚城。

其他还有马其顿攻陷泰尔（公元前 332 年），罗马攻打叙拉古（公元前 213 年）、罗德岛之战（公元前 305 年）等战役，攻城塔与破城锤都曾大显身手。

然而攻城塔与破城锤也并不是总能奏效，第二次希波战争中，古希腊城邦斯巴达与波斯军队在普拉提亚决战的时候，想用破城锤砸坏城墙，却不想绳索方向出现偏离，并没起到效果。最终波斯统帅在战斗中意外身亡，导致了波斯军队溃退。

辛那赫里布是萨尔贡二世的长子，亚述政治家、军事家，亚述帝国国王，前 704 年—前 681 年在位。他在位时力图扩大先父的战果。据记载，他的辉煌战果包括 89 座城镇、820 个乡村，俘获 7200 匹马、11.1 万头驴、8 万头牛、80 万头羊以及 20.8 万名俘虏。他巩固了亚述对巴比伦和以色列的统治，具有高超的政治手腕和军事才华。

地中海地区的主要攻城战

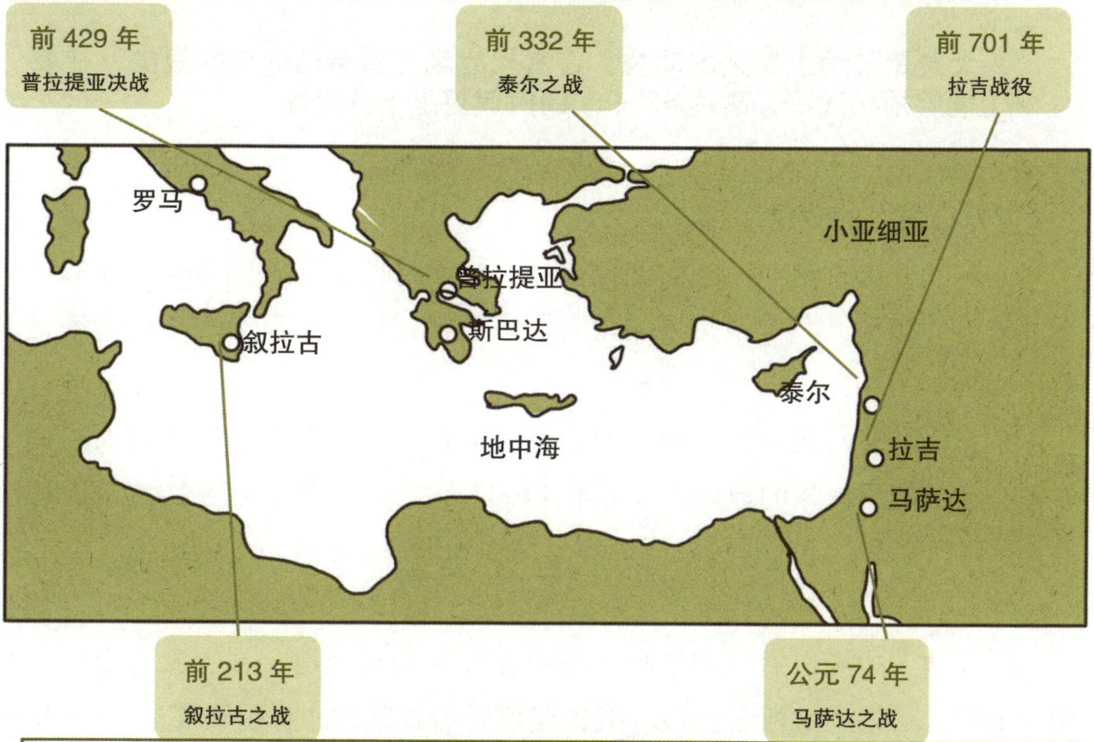

马萨达之战中罗马的攻城塔

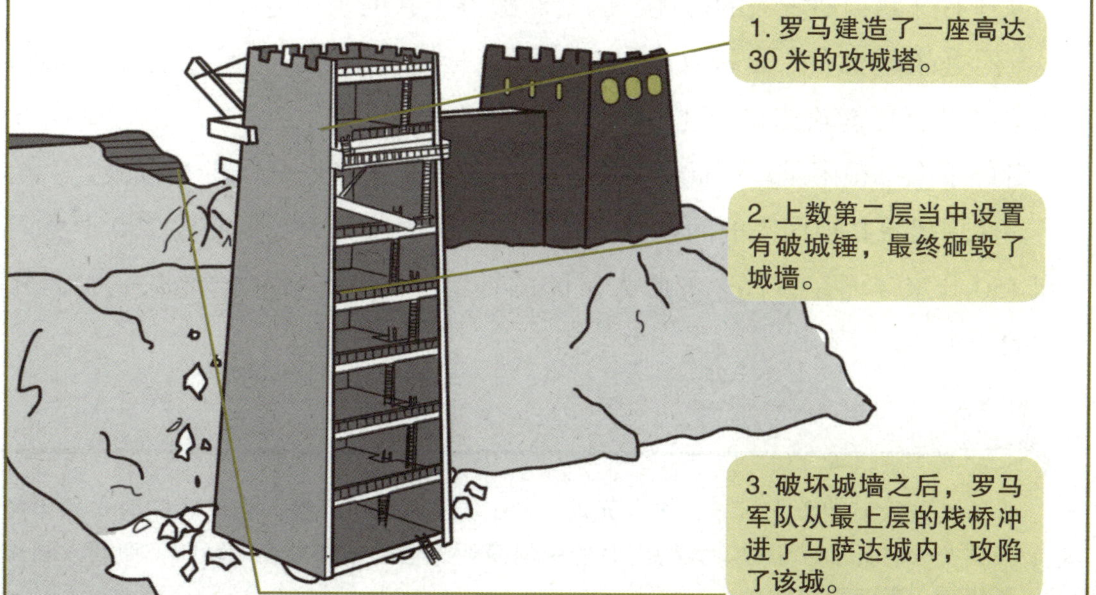

No.073 战象

大象是陆地上最大的动物，在古代战场上有专门训练的战象，在战场上能够横扫敌军，高达 40 千米的时速更是十分恐怖。

“双刃剑”的战象

人类自古就驯养了许多动物牲畜，一些动物被训练后称为人类在战场上不可缺少的搭档。其中最常见的就是马，它常常被用来牵引战车或者装备于骑兵部队。

除了马以外，还有另一种大型动物，就是大象。在战场使用的大象称为战象，最早使用战象的地区是公元前 1100 年左右的印度。这是因为这一地区的大象性情温和，比其非洲象要更容易饲养和训练。此后，战象还流传到中东、欧洲等地。

战象进入战场以后，驯象师必须骑在大象脑袋后面，在大象背上设有小型攻城塔，可搭乘 2 两名士兵。战象仅仅凭借其巨大的身躯和高达 40 千米的时速就能有效的杀伤敌人，毕竟战象飞奔起来的冲击力是十分巨大的。另外，战象还有踩踏倒地之人的习性，因此对敌方士兵的杀伤力非常强。

但是战象也有一个极大的缺点，那就是不辨敌我。一旦没有了驯象师，战象甚至有可能攻击己方士兵。另外，一旦战象开始狂奔，想让它调换方向或者停下来都很困难。因此，战象部队一般都会配备在战场的最前线。

使用战象必须面临的问题在于补给。一头大象一天大概需要 250 千克饲料和 150 升水。而在古代，如此大量的的补给会对后方和运输部队造成十分巨大的压力。

人类首次驱使象上战场是在公元前 1100 年左右的古印度。当时吠陀时代的印度有几首圣歌对此加以记载。大约同时的中国商朝人也最先将象编入军队，商朝人驯化的是栖息于黄河流域的象。

战象的作战方式

攻城塔

大象背上会装有小型攻城塔，搭载 2 名士兵

驯象师

熟悉饲养大象的人会骑在大象背上，负责控制大象。如果驯象师被打倒，大象就会失控

踩踏

大象会本能地踩踏倒地的动物，利用这个习性，会对倒地的敌兵大范围杀伤

速度

虽然大象看似笨重，然而飞奔起来的时速高达 40 千米。利用巨大的躯体和速度，能够对敌兵造成巨大伤害

战象的弱点

由于大象本身不辨敌我，因此一旦驯象师被打倒，失去控制的大象就连己方军队都会攻击。

全速奔驰的大象，想要转向或者停止都很困难。

No.074 战象在实战中的使用

自从战象出现以后，在多次战争中都曾大显身手。马其顿、迦太基、罗马等国家都曾与使用过战象或是与战象作战。

战场上的战象

战象参加的战役数不胜数，在亚历山大东征中，亚历山大就曾与印度的战象作战。公元前326年，亚历山大率领的马其顿军队与印度王波罗斯在希达斯皮斯河进行了一次会战。在这场著名的战役当中，印度投入了超过200头战象，令所向披靡的马其顿军队伤透了脑筋。毕竟不管是重骑兵还是马其顿方阵，在战象巨大的身形面前都显得十分渺小。天才指挥官亚历山大最终选择避开与战象正面作战，分兵攻击后方的印度军队主力。不仅打败了印度军队主力，还俘获了一些战象。

坐落于非洲北海岸的迦太基也是经常使用战象的国家。第一次布匿战争期间，迦太基曾在与罗马作战时在前线布置了100头战象部队，杀伤罗马士兵15000余人，令罗马大败而回。到了第二次布匿战争，在著名的扎马战役中，迦太基也投入了80头战象，试图再次大败罗马军队。此时罗马将领大西庇阿利用战象转弯困难的特点，命令军队分散，队列之间让出很大间距，并以直线突进的方式避免与战象部队接战。当战象失去了实际的作战效用，罗马军队很快占得上风。

罗马军队还曾发明出另一种针对战象的战术，针对大象怕火的特点，士兵手中挥动火把来驱赶战象。

虽然战象部队也有败绩，不过这并不代表着其战斗力不足。尤其是遭到攻击的战象很容易变得狂躁，此时要想战胜它简直是难上加难。因此，面对战象部队的时候，最多采用的战术还是避免与之交战。

怎样与战象部队作战

战术 1　拉大队列间距

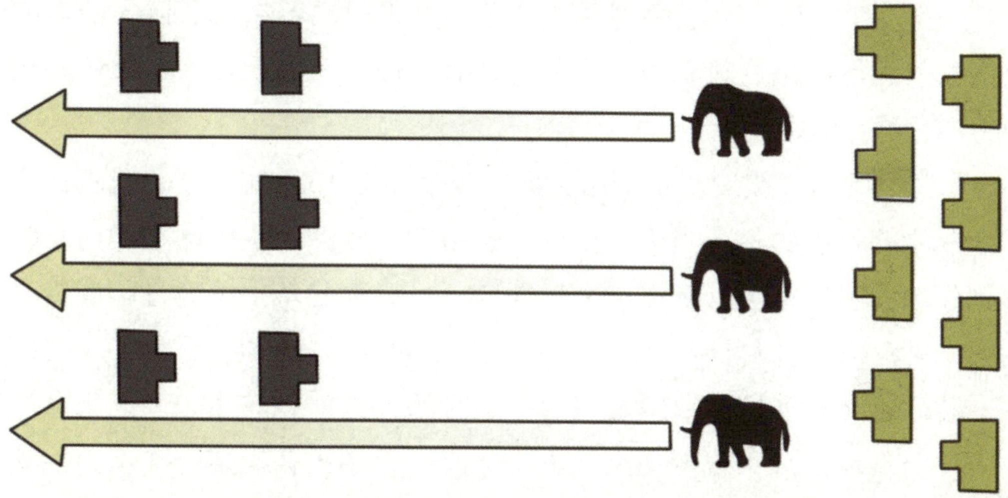

扎马战役中罗马军队所采用的战术。他们为了避免与战象部队接触，利用战象转弯困难的特点，拉大队列之间的间距，直线突向敌军。

战术 2　使用火把

利用大象怕火的习性，挥动火把驱赶战象。

战术 3　回避

想要正面战胜战象难如登天，因此避开战象部队是最多使用的战术。

专题：火药对古代历史的作用

正如前文中提到的，在兵器发展史上曾有过 5 次兵器革命。在弓与投石带带来的第一次兵器革命过后 3000 年，才迎来了第二次革命，即火药的发明。

火药发明之后，对战争的形式，尤其是投射兵器造成了巨大的影响。以往的投射兵器都是以投石机、弓箭为代表，而火药发明以后，火枪和大炮等强力的兵器都随之产生。

火药由中国汉族发明于隋唐时期，距今已有 1000 多年了，是古代道士为了炼制能够长生的丹药当中产生的。恩格斯高度评价了中国在火药发明中的首创作用："现在已经毫无疑义地证实了，火药是从中国经过印度传给阿拉伯人，又由阿拉伯人和火药武器一道经过西班牙传入欧洲。"

最早的火枪也是由中国发明的，当时的火枪射程较短，只能用在守城中攻击登上城墙的敌兵或者用来纵火。还有一种用火药燃烧当作动力的火箭在宋代的时候已经被应用到了实战当中。

等到火药传到欧洲以后，火药兵器的发展进入了高峰期，传播的速度也更快，范围也更广。到 14 世纪中叶的时候，使用弹丸的火枪、大炮都已经出现了。

第四章
其　　他

No.075 特洛伊木马

公元前 12 世纪的特洛伊战争当中，希腊联军在久攻不下之际，利用木马装载士兵进入城内，趁着夜色打开城门，攻陷了特洛伊。

木马屠城

在荷马的史诗《伊利亚特》和《奥德赛》中都曾描写过特洛伊战争。虽然描述的是传说中的故事，不过特洛伊木马却因此而闻名。

特洛伊王子帕里斯来到希腊斯巴达王麦尼劳斯宫作客，受到了麦尼劳斯的盛情款待，但是，帕里斯却拐走了麦尼劳斯的妻子海伦。这就成为特洛伊战争的导火索。

麦尼劳斯和他的哥哥迈锡尼国王阿伽门农决定讨伐特洛伊，阿伽门农纠集了 10 万联军跨海进攻特洛伊。由于特洛伊城池牢固，易守难攻，围攻了长达 10 年都未能破城。

最后奥德修斯献计，让希腊士兵烧毁营帐，登上战船离开，造成撤退回国的假象，并故意在城下留下一具巨大的木马，在马腹中藏有士兵。然后烧毁了营地，在木马身上写下“献给雅典娜女神”这几个字。

特洛伊人以为希腊联军已经撤退，把木马当作战胜品拖进城内，当晚正当特洛伊人酣歌畅饮欢庆胜利的时候，藏在木马中的联军士兵悄悄溜出，打开城门，放进早已埋伏在城外的希腊军队，一举攻破了特洛伊城，将特洛伊城内的居民屠杀殆尽，一夜之间特洛伊化为废墟。这就是木马屠城的来历。

荷马史诗是相传由古希腊盲诗人荷马创作的两部长篇史诗《伊利亚特》和《奥德赛》的统称，题材来源于特洛伊战争中的故事。《伊利亚特》描写了希腊人同特洛伊战争第十年的故事。《奥德赛》则是描写伊大卡国王、远征特洛伊的将领奥德修斯在回国路上遭遇的艰险。

1 2 3 4 5

特洛伊与希腊的位置关系

特洛伊木马

为了进入固若金汤的特洛伊城，奥德修斯献上了木马屠城的妙计。

No.076 阿基米德吊臂

阿基米德是古希腊有名的哲学家、数学家、物理学家，他出生于叙拉古，曾制造出了许多兵器帮助叙拉古对抗罗马军队。

阿基米德设计的杠杆吊臂

公元前 3 世纪，罗马与北非的迦太基为争夺地中海地区的霸权，两国从公元前 264 年开始进行了长达一百多年的战争，史称三次布匿战争。公元前 215 年，罗马进攻从属与迦太基的城市叙拉古。对于罗马大军来说，攻陷叙拉古应该轻而易举，因为早在 50 年前，他们就曾打败过叙拉古。

然而此次却有所不同，叙拉古在阿基米德的帮助下，制造了大量兵器。阿基米德是出生于叙拉古的希腊数学家，他发现的阿基米德定律和杠杆原理对后世影响巨大。

在攻打叙拉古的时候，罗马投入了大量 5 列桨座战船，然而这种战斗力极强的战船却碰上了天敌。阿基米德制出了一种称为“阿基米德吊臂”的大型兵器，利用杠杆原理，能够从城上来破坏敌船。

阿基米德吊臂能通过特制的关节进行水平和垂直方向的旋转，在末端装有钩爪，能够钩住敌船并将其拉起，然后通过前后左右地拖动将敌船摔向海面。此外，吊臂还可以吊起重达 5000 千克的巨石，并将石块砸向敌船。叙拉古人正是利用这种吊臂屡次退罗马军队，阻挡了罗马军队长达两年之久。正是因此，罗马军队攻陷叙拉古以后就将阿基米德杀掉了。

阿基米德是古希腊哲学家、数学家、物理学家、力学家。出生于西西里岛的叙拉古的一个贵族家庭。他从小就善于思考，喜欢辩论。早年游历过古埃及，曾在亚历山大城学习。据说他住在亚历山大里亚时期发明了阿基米德式螺旋抽水机，今天埃及仍在使用。第二次布匿战争时期，罗马大军围攻叙拉古，最后阿基米德不幸死在罗马士兵之手，死时还不忘科学。他一生献身科学，忠于祖国，受到人们的尊敬和赞扬。

阿基米德吊臂的构造

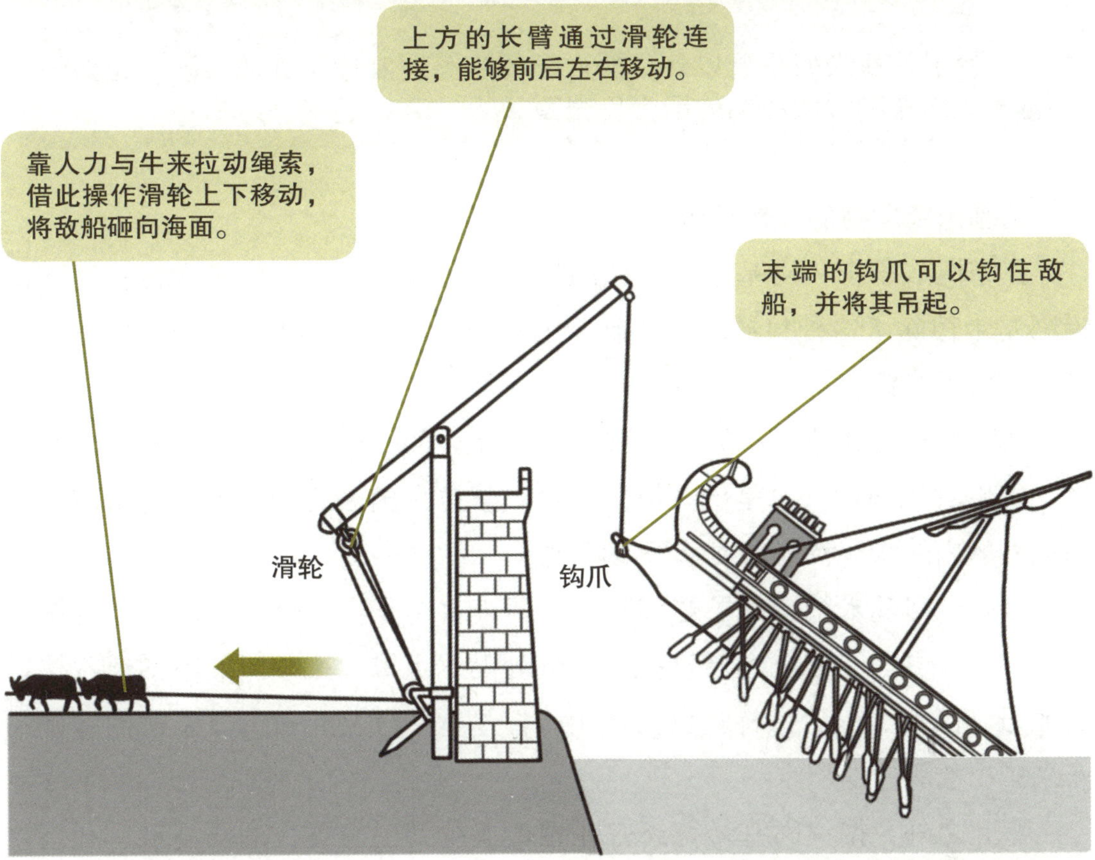

阿基米德

- 出生于西西里岛的叙拉古
- 生于前 287 年，卒于前 212 年
- 是希腊有名的哲学家、数学家、物理学家
- 成就包括阿基米德原理、杠杆原理等
- 曾开发出许多兵器

No.077 阿基米德水车

除了阿基米德吊臂以外，据说阿基米德还制造了其他兵器，比如阿基米德水车和烧毁敌船的巨大反光镜。

阿基米德发明的其他兵器

在布匿战争中，阿基米德制造的吊臂曾经让罗马军队吃了大亏。然而据说阿基米德除了这种兵器之外还制造了其他的兵器。其中就有螺旋水车和一种巨大的反光镜。

当时叙拉古建造了一艘名为叙拉古西亚号的大船，船内甚至有庭园和神殿，能够容纳 600 人，是当时最大的船。叙拉古国王希伦二世为排出叙拉古西亚号船内的水，特地向阿基米德请教。

为此，阿基米德建造了螺旋水车。螺旋水车是在一个圆筒内部装有螺旋状的板子，并且可以通过转动把手将低处的水汲取上来。虽然不知道叙拉古西亚号在战场上是否发挥过巨大作用，但是它的确使用过阿基米德的螺旋水车来排出船舱内的积水。

除此之外，据说阿基米德还曾在城墙上排列一组极大的凸面镜，利用它们汇集太阳光线，将聚集的光线投射到敌船上以后能烧毁敌船。

不过这应该只是流传的故事而已，从科学的角度来看，利用这种办法烧毁敌船是不可能的。倘若真能如此，还不如直接放火箭来得简单。

阿基米德还制作出能够正确测量行驶距离的装置，并对投石机进行了改良，令其威力倍增。前文中提到的尤里亚勒斯要塞也是在阿基米德主持下修建的。

第二次布匿战争发生于公元前 218—前 201 年，叙拉古和迦太基缔结同盟，因此成为罗马的仇敌．公元前 214 年，罗马名将马塞勒斯 (Marcus Claudius Marcellus，约公元前 268- 前 208 年) 率领大军围攻叙拉古。在这危急存亡之秋，阿基米德奉献出了自己一生的研究成果为祖国效劳。

阿基米德的螺旋水车

2. 旋转把手带动螺旋板便可汲水
1. 圆筒内部设置有螺旋状的板子，旋转之后能够把水汲取上来

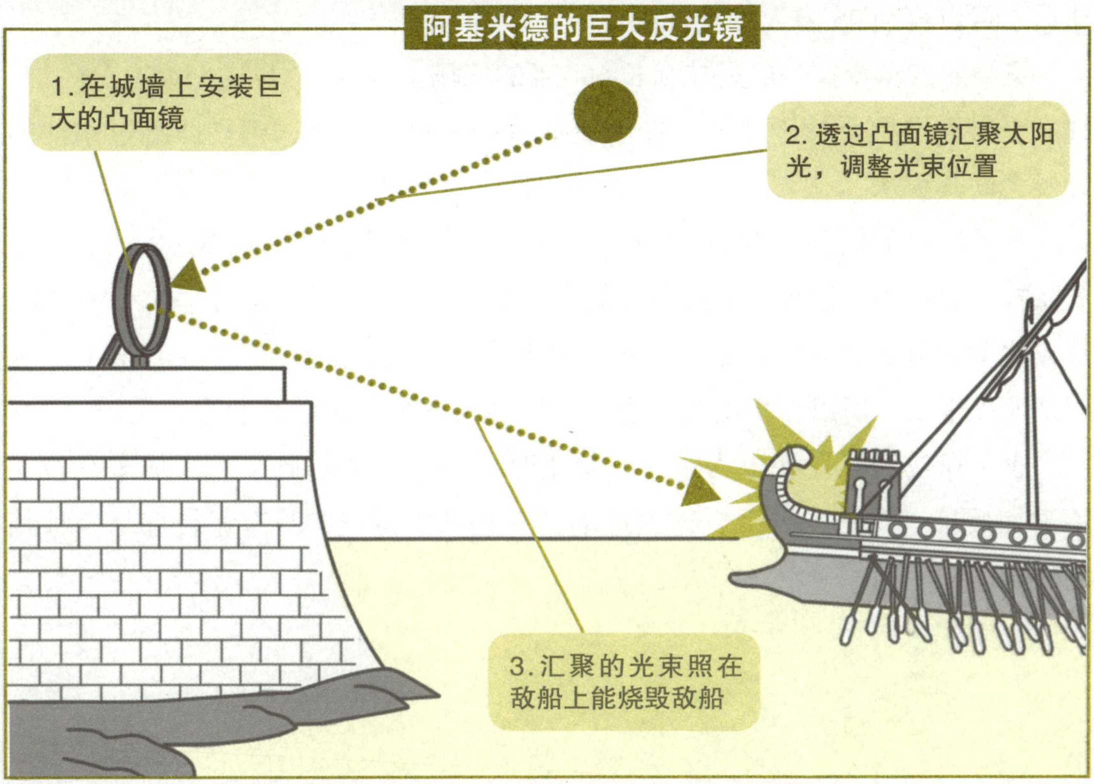
阿基米德的巨大反光镜
1. 在城墙上安装巨大的凸面镜
2. 透过凸面镜汇聚太阳光，调整光束位置
3. 汇聚的光束照在敌船上能烧毁敌船

No.078 罗马的“战车”竞技

战车在古代战场上是一种威力巨大、使用广泛的兵器，但是在罗马、希腊这些受到地形限制的地区却很少用来作战，战车之间的竞技比赛反而更加繁荣。

多辆战车同场竞技

战车在古代亚述发展到极盛，并且流传到欧洲、亚洲等各个地区。战车在战场上的作用毋庸置疑，在中国古代的春秋时代，还曾发生过超过1000辆战车的战争。然而，希腊和罗马却很少将战车投入战场，因为在这些地区以山地为主，并不适合战车作战。

虽然战车不能在战场上驰骋，但是战车之间的竞技却是非常受欢迎的一种运动。战车竞技最早起源与希腊，早在公元前7世纪，希腊的雅典就有驷马战车竞速的记录。

战车竞技在罗马更为流行，甚至发展到了狂热的地步，罗马为此还专门建造了可以容纳25万人的竞技场。

罗马的战车竞技一般是在全长600米的广场上进行，广场中间设有分隔带，战车会绕着分隔带往返7圈。在中央的分隔带设有水池，当马匹跑过水池的时候会向其泼水。

广场出口的闸门一共有12个，因此可以推测出最多能容纳12辆战车参与竞技。比赛用的战车是1人乘坐的小型车辆，以4匹马来牵引。在比赛中，战车之间单纯比拼速度，若是妨碍对手则属于犯规行为。战车在赛道上奔驰起来速度极快，所以在折返当中也会发生导致驾车者伤亡的意外。

战车竞技后来发展成为赌博，禁止赌博的罗马便因此废除了战车竞技。不过在后来东罗马帝国重启这项运动，一直到中世纪，战车竞技都是一种相当受欢迎的运动。

战车竞技的赛场

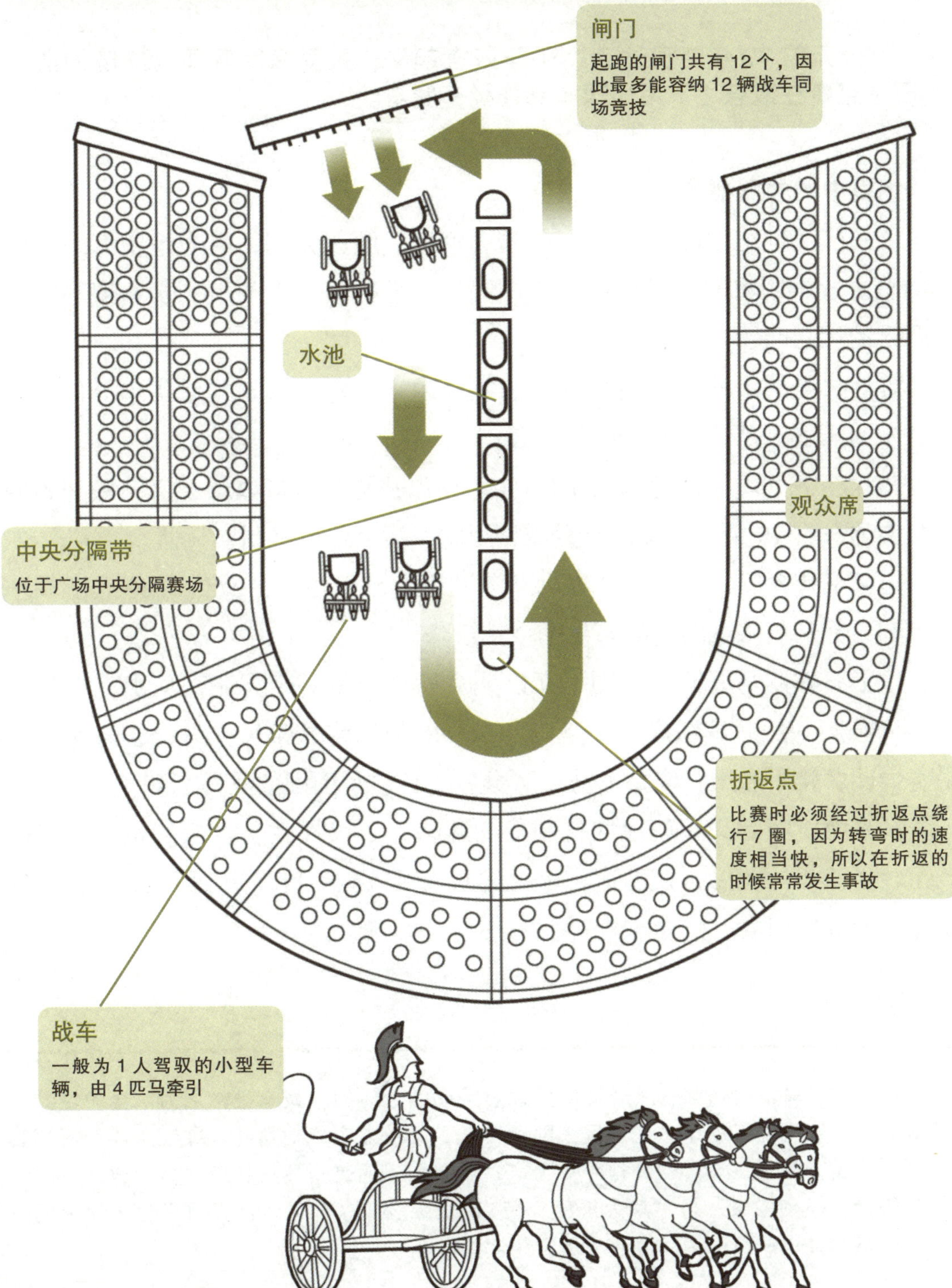
闸门
起跑的闸门共有 12 个，因此最多能容纳 12 辆战车同场竞技
水池
观众席
中央分隔带
位于广场中央分隔赛场
折返点
比赛时必须经过折返点绕行 7 圈，因为转弯时的速度相当快，所以在折返的时候常常发生事故
战车
一般为 1 人驾驭的小型车辆，由 4 匹马牵引

No.079 斯巴达克斯的藤梯

公元前73年斯巴达克斯领导奴隶起义，被罗马军队逼入绝境的斯巴达克斯在情急之下用葡萄藤制作梯子脱身。

绝境中的救命稻草

公元前2世纪中叶，罗马在布匿战争中战胜迦太基，成为地中海地区唯一的霸主，不断将附近各国纳入版图当中，然而军事上的胜利却给罗马带来了严重的社会问题。

对外战争的不断胜利使得罗马的奴隶越来越多，奴隶的地位十分低下，奴隶主的压迫更是让奴隶们苦不堪言。

公元前73年，出身色雷斯的角斗士斯巴达克斯率领奴隶起义，一开始同时起义的只有70余人，又没有兵器，因此只能就地取材制作兵器。

起义军壮大以后盘踞在那不勒斯湾的维苏威火山上，遭到3000名罗马士兵包围，罗马军队试图围困起义军令其投降。

为了突破罗马军队的包围，斯巴达克斯想出了一个方法，从山里搜集了许多葡萄藤，然后编织成一条坚固的长梯。他们将这条长梯悬挂在悬崖上，沿着葡萄藤爬下悬崖，绕到罗马军队身后，打败了围困的罗马军队。

陷入绝境的起义军就地取材制成的藤梯，不仅挽救了自己的生命，还借此扭转了战局。此后，斯巴达克率领的起义军人数一度发展到了12万，重创了罗马的奴隶制度。

在古罗马，到处都有大规模使用奴隶劳动的大庄园，奴隶被称之为“会说话的工具”。奴隶主为了取乐，建造巨大的角斗场，强迫奴隶成对角斗，并让角斗士手握利剑、匕首，相互拼杀。一场角斗戏下来，场上留下的是一具具奴隶尸体。奴隶主的残暴统治，迫使奴隶一再发动大规模武装起义。公元前73年，世界古代史上最大的一次奴隶起义——斯巴达克斯起义爆发了。

斯巴达克斯起义

斯巴达克斯

- 爆发于公元前 73 年
- 由色雷斯人斯巴达克斯领导
- 是一场奴隶对罗马的起义
- 在维苏威火山战役中起义军获得胜利

带领起义军走向胜利的葡萄藤梯

遭到罗马军队包围的起义军就地取材，使用山中的葡萄藤编织成一条坚固的长梯，成功从包围中脱身，并奇袭罗马军队，取得胜利。

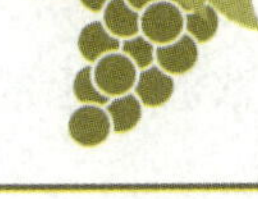

No.080 骑兵们的马镫

骑兵部队凭借其机动性在古代战场发挥了巨大的作用，然而因为控制马匹十分困难，因此很长一段时间都不是主力部队。然而马镫出现以后，骑兵部队就是战场上的“当家花旦”了。

提升骑兵战斗力的划时代发明

在古代军队中，步兵一直都是作战的主力。虽然骑兵部队也长期存在，但是因为控制马匹具有相当的难度，因此一直都是辅助性的兵种。

然而这一局面因为马镫的发明有所改观。所谓马镫，就是套在马匹身体左右下方的一种马具，骑在马上以后，只要将左右脚伸进蹬里，就能稳稳地骑在马上。而在此前，想要骑在马上，需要双脚牢牢夹住马肚子才行。在这样的情况下，无论是挥舞长枪还是拉弓放箭都不能发挥全部的威力。马镫的出现令骑兵能够充分解放双手，在战斗中的攻击力也得到了极大提高。

目前已知的最早马镫出现在公元 4 世纪的中国。当时汉族并没有骑马的习惯，因此面对善于马上作战的游牧民族常常处于劣势，马镫的出现改变了这一局面，使得骑马作战容易了很多。之后，马镫逐渐流传到了朝鲜、日本、欧洲等地区。

在骑兵部队产生到马镫出现的这几百年之间，人们也曾尝试过许多方法来增加骑兵在马上的稳定性。比如有人在马鞍的四角装上木制的角状结构来稳定马鞍。这种马鞍能令骑兵在倾斜身体之后更容易地恢复，操作弓、枪等兵器也容易了很多。

现存世界最早的双马镫实物出土于辽宁省北票市冯素弗石椁墓中。马镫的镫芯以桑木制成，外表包钉铜片，并施鎏金，镫柄上方开有横长方形透孔。冯素弗是十六国时期北燕天王冯跋的弟弟，据史书记载死于公元 415 年。以此推断，这对马镫距今已近 1600 年，比欧洲出土的马镫早 300 年以上。

马镫与马鞍

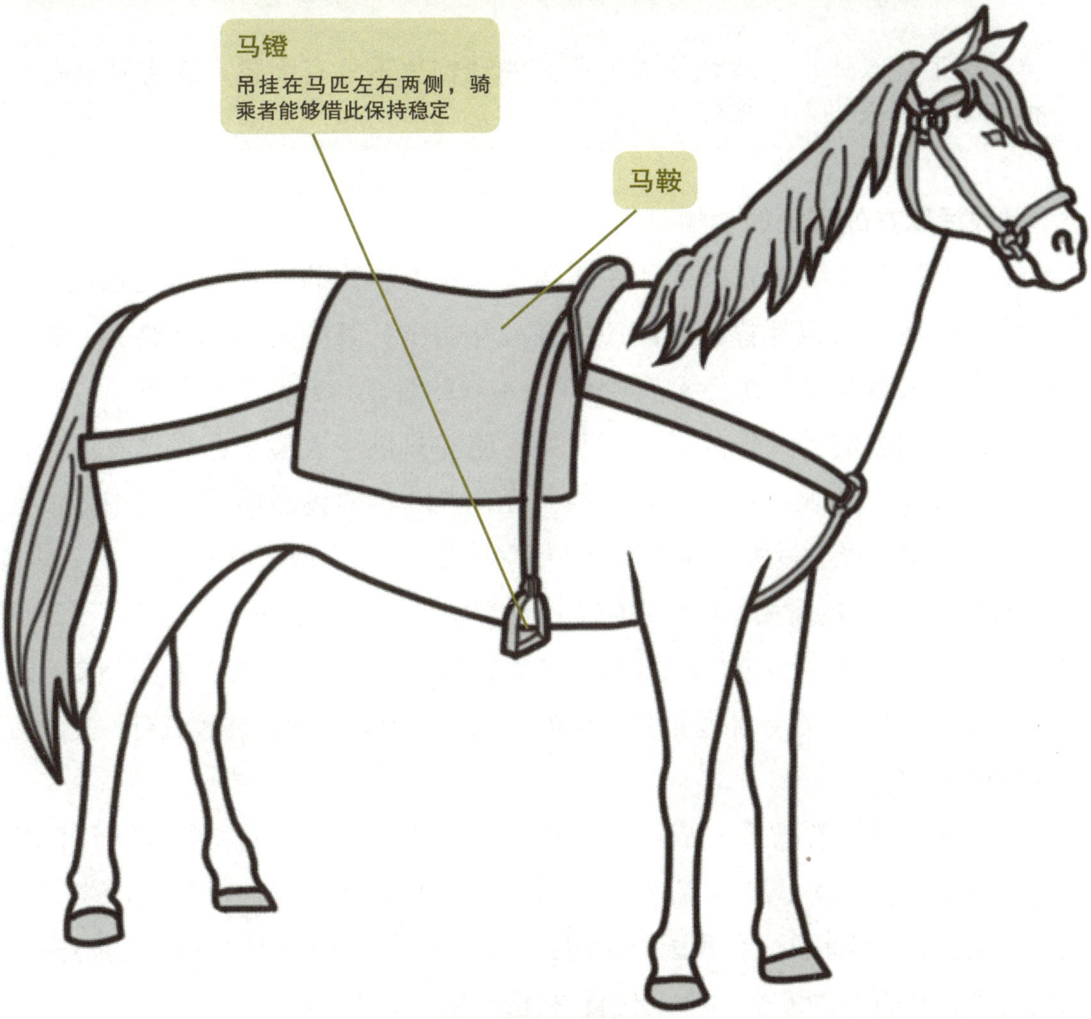
马镫
吊挂在马匹左右两侧，骑乘者能够借此保持稳定
马鞍

四角马鞍

骑马的时候大腿可以固定在四角的角状构造上，即使身体倾斜，也能很快恢复姿势
在四个角落装有木制的角状结构，能够增加稳定性

No.081 动物武器

除了马以外，在战场供人们驱策的动物也不只有大象，还有其他各种动物都曾被投入到战场当中。

其他活跃在战场上的动物

前文中我们介绍了战象这种在战场上杀伤力恐怖的动物，与之相似，还有其他的一些动物也都曾被人们使用在战斗当中，其中之一就是骆驼。骆驼开始被当作家畜饲养是在公元前2500年左右的时候，在前700年前后，阿拉伯人就已经用骆驼骑兵作战了。一开始，骆驼只供一人乘坐，后来发展到由驭手和弓兵两人共乘。根据记载，在公元前546年的锡姆伯拉战役中，波斯皇帝居鲁士就曾派出过大量骆驼骑兵与敌军作战，并取得了胜利。

骆驼具有很强的耐力，而且在崎岖的地形中也能如履平地，因此尤其受到运输部队的钟爱。然而骆驼的脾气比马或者大象都要暴躁，想要操控它必须要有相当熟练的技术才行。由于骆驼栖息范围的限制，在中东等地区比较流行，并没有普及到欧洲等地。

牛是另一种经常被投入战场的动物。在布匿战争当中的特拉西美诺湖战役（公元前217年），迦太基名将、西方战略之父汉尼拔就曾利用活牛来布疑兵，战胜了罗马军队。在我国战国时期，齐将田单也曾利用火牛阵大破燕军。除此之外，还有些国家会用牛来代替马匹，用来牵引战车。

另外还有人类的忠实朋友——狗，由于狗拥有敏锐的嗅觉以及对主人的忠心，因此虽然直接攻击力并不是很强，但是用作警戒的话却非常适合。即便现在，狗也经常被用在军事用途上。

汉尼拔·巴卡（Hannibal Barca，公元前247年—前183年），北非古国迦太基著名军事家，被奉为战略之父。少时随父亲哈米尔卡·巴卡进军西班牙，并向父亲立下一生的誓言，要终身与罗马为敌。自小接受严格和艰苦的军事锻炼，在军事及外交活动上有卓越表现，至今仍是许多军事学家所研究的重要军事战略家。

骆驼骑兵

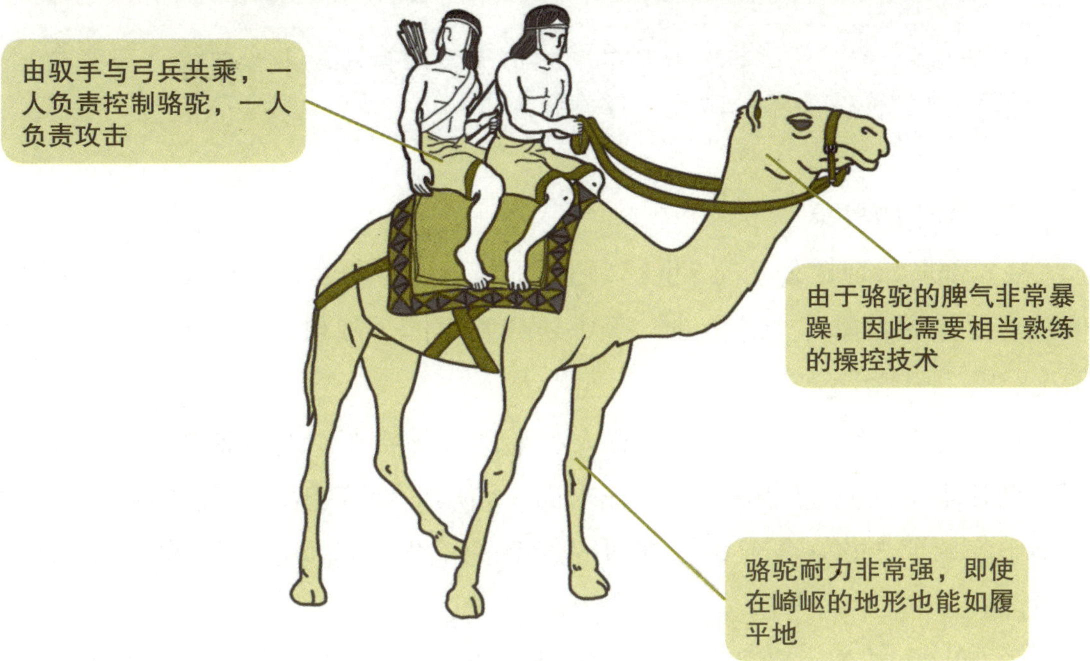
由驭手与弓兵共乘，一人负责控制骆驼，一人负责攻击
由于骆驼的脾气非常暴躁，因此需要相当熟练的操控技术
骆驼耐力非常强，即使在崎岖的地形也能如履平地

火牛

在牛角上绑上火把冲锋
有时候牛尾上也会绑上火把
有些国家还会用牛来牵引战车

No.082 皮洛士

战象在战场上的杀伤力不可谓不惊人，但是操控非常困难，尤其是暴躁的战象往往会不分敌我，任意踩踏。

容易暴走的战象

战象部队出现在公元前5世纪，随后很快就成为印度和马其顿的主要兵器。但是想要操纵大象却十分困难，经常还会发生因为战象暴走踩伤己方士兵的情况。

公元前3世纪，罗马开始在意大利半岛大肆扩张，与控制意大利半岛南部的城邦塔兰托发生冲突。塔兰托求助于希腊的伊庇鲁斯国王皮洛士救助，皮洛士率领了25000名士兵与20头战象跨海前来，这也是罗马军队首次遭遇战象部队。

在一开始，皮洛士的战象屡占上风，罗马军多次被战象打败。公元前275年，双方会战与贝内文托附近。罗马军队利用大象怕火的习性，通过火箭、火把等驱赶战象，并用长枪等攻击战象。这时候有一头战象惊慌失措，四处乱窜，导致其他战象也都失控，皮洛士的军队就这样被己方失控的战象冲乱阵形，最终大败而回。

正是因为大象生来胆小，一方面容易被驯服，另一方面在受到惊吓以后容易暴走，实在是一把伤人伤己的双刃剑。

亚历山大在与印度作战的时候，印度军队的战象部队也曾因为失控导致己方战败。当时亚历山大率领的马其顿军队也与罗马军队一样，使用长枪等兵器刺伤战象，受到惊吓的战象竟然调转方向，转身冲向印度军队。

皮洛士是早期罗马共和国称霸意大利半岛的最强大的对手之一，在对抗罗马的一些战役中尽管获得胜利，但也付出惨重的代价。其性格善变而不沉稳，并不能被称为是睿智的君主，但是他的军事才能非常杰出，他善于指挥，长于布阵，巧于利用地形，能够发挥士兵的作用，确实可以称之为卓越的战术家。

罗马与伊庇鲁斯的战争

公元前 275 年，罗马军对与皮洛士率领的伊庇鲁斯军队在贝内文托附近进行了一次大战。

罗马军队攻击战象的方法

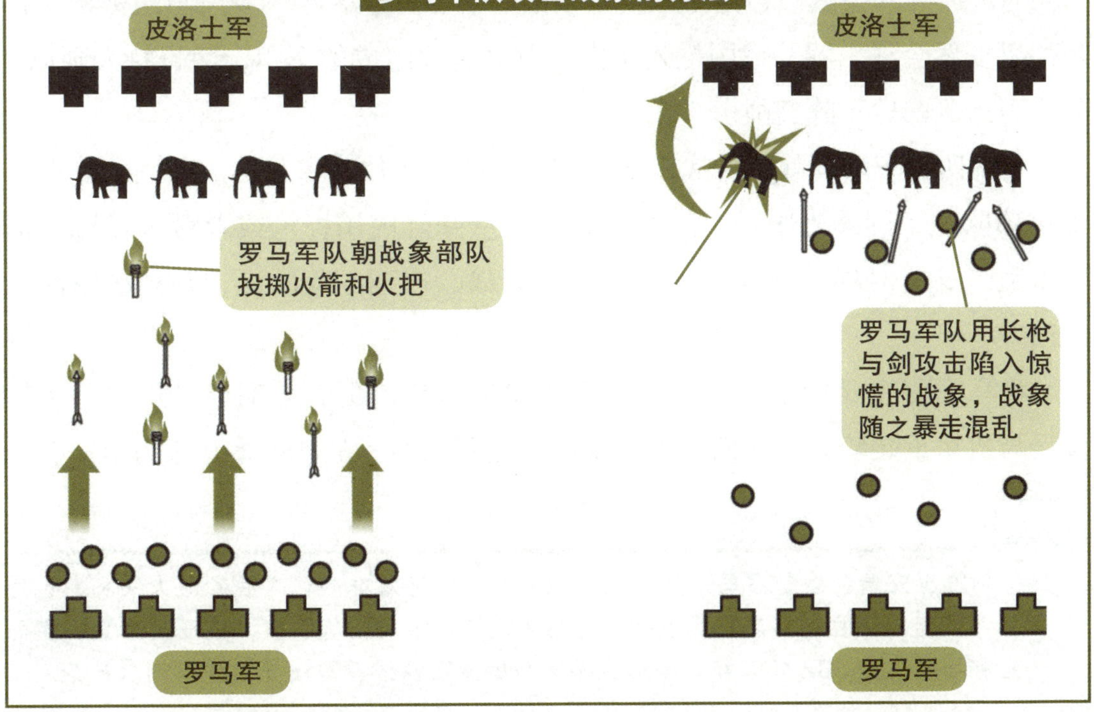

No.083 哥特车阵

罗马军队在四处征服的时候，其重装步兵堪称战无不胜，为了对抗罗马的步兵军阵，哥特人排出了一种车阵，成功击退了罗马军队。

战胜罗马军团的四轮车阵

罗马帝国拥有一支历史悠久的重装步兵部队，称之为罗马军团。这支军团方阵与马其顿的步兵方阵一样，属于密集型部队，一个军团包括 1200 名步兵与 300 名骑兵。步兵分为分为三列，称为战列兵。第一列与第二列是装备长枪的交战兵，第三列是装备长枪的预备兵，在最前线则有使用投掷兵器的轻装步兵。罗马军团的机动性比马其顿方阵更高，是罗马帝国的正规军主力，为罗马帝国立下了无数功劳。

而最后打败这支军团的，是当时蛮人的一支——西哥特人。西哥特人原本定居与多瑙河沿岸，后来匈奴西侵，西哥特人进入罗马的领地内，与罗马帝国产生冲突。

随着冲突日益激烈，双方最终爆发战争。公元 378 年，罗马与西哥特人在阿德里安堡会战。罗马帝国投入了由 4 万名士兵组成的军团，西哥特人则以 7 万兵力组成四轮车阵迎战。

所谓四轮车阵，就是把战车配置成原型，以车体防御，构成坚固的阵形，步兵部队位于圆阵当中。在战斗中，可以从圆阵内用标枪或者弓等投掷兵器攻击敌人，有时候也会冲出阵形进行白刃战，遇到危险的话，则再次退回车阵当中。

罗马军团在四轮车阵面前完全无法发挥优势，更是遭到了车阵内西哥特步兵与身后重装骑兵的两面夹击，最终罗马军大败，战死者多达 3 万。

阿德里安堡会战是罗马军队在坎尼战役和条顿堡森林战役之后的最大失利，也是罗马帝国走向灭亡的标志。此战后，哥特人没有围攻君士坦丁堡，继任皇帝狄奥多西一世和哥特人在 382 年议和，哥特人答应帮助皇帝保护罗马疆界以获得粮食补给。

罗马兵团的队列

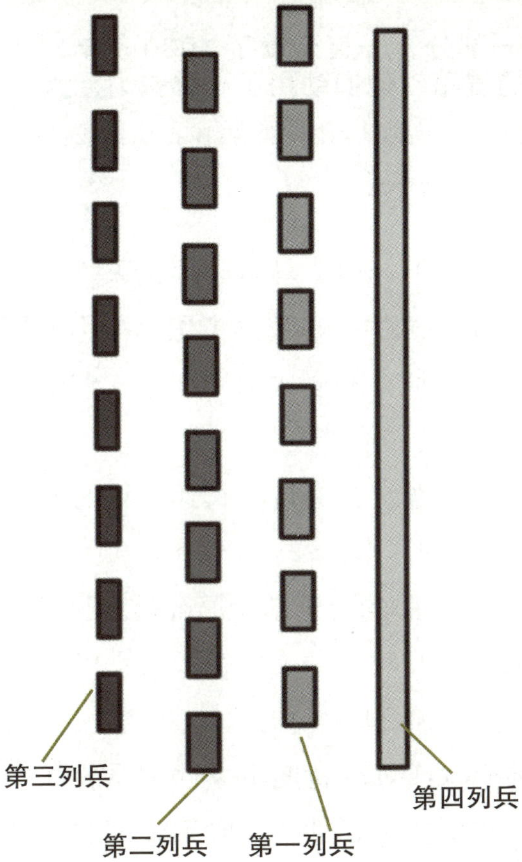
第三列兵
第二列兵
第一列兵
第四列兵

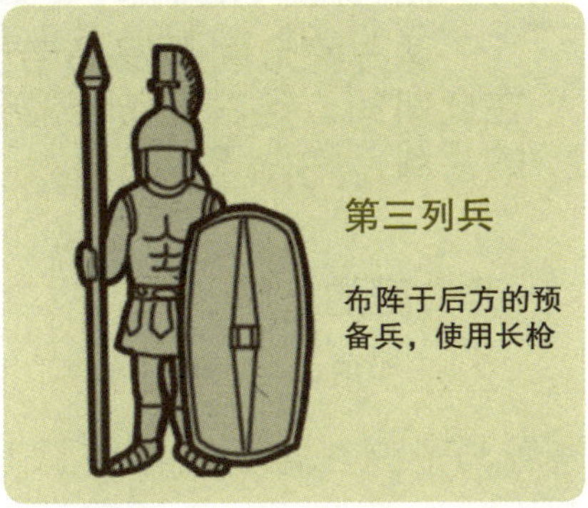
第三列兵
布阵于后方的预备兵，使用长枪

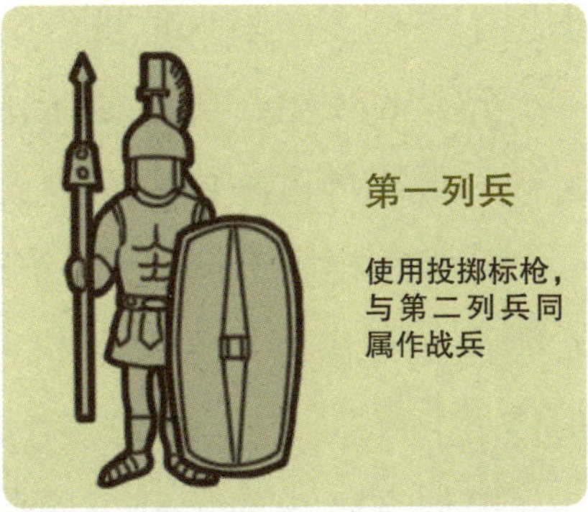
第一列兵
使用投掷标枪，与第二列兵同属作战兵

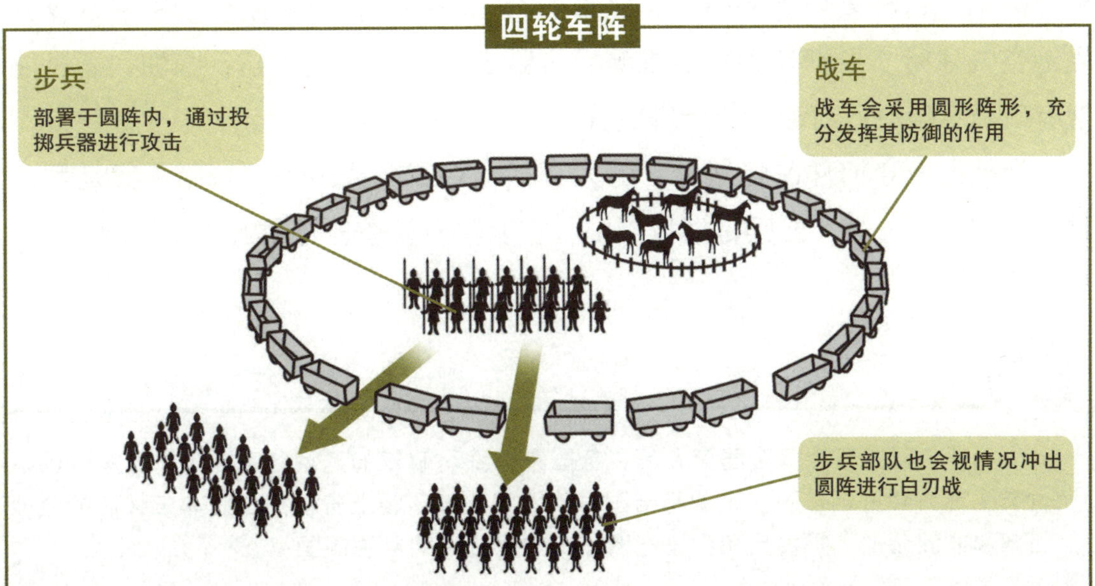
四轮车阵
步兵
部署于圆阵内，通过投掷兵器进行攻击
战车
战车会采用圆形阵形，充分发挥其防御的作用
步兵部队也会视情况冲出圆阵进行白刃战

No.084 拜占庭的“希腊火”

拜占庭帝国是罗马帝国分裂后的一部分，一直延续了1000多年，在此期间，拜占庭曾经遭到几个国家的侵略，他们动用了一种威力巨大的兵器，称为“希腊火”。

拜占庭的王牌

公元395年，罗马帝国分裂为东西两各帝国，西罗马帝国很快灭亡了，东罗马帝国在此后还存在了1000多年，在史书当中，东罗马帝国也被称为拜占庭帝国。然而在奥斯曼帝国帝国崛起以后，拜占庭屡次遭到侵略，首都君士坦丁堡也多次陷入危机当中，解救危机的正是“希腊火”。

公元673年，奥斯曼帝国包围了君士坦丁堡，并进行了长达7年的海上封锁，最终拜占庭依靠希腊火打败了奥斯曼帝国海军。

希腊火相当于现代的火焰喷射器，据说是希腊的建筑学家尼可斯发明的。希腊火在拜占庭属于高级机密，因此外人并不知晓，拜占庭帝国灭亡以后就失传了。

根据文献中的记载，希腊火是把一种液状或者胶状的可燃性物质装载小箱子里，然后投掷向敌人，利用虹吸原理将这些可燃性物质吸入管子之后喷射出火焰，这种火焰火势极大，浇水根本无法扑灭，只能用沙子来覆盖令其隔绝空气才行。根据这种特点推测，希腊火的原材料应该是石脑油，还可能含有硫磺、硝石、石油、松脂等成分。

希腊火为守护拜占庭做出了巨大贡献，在多次战争中，希腊火都是拜占庭赖以制敌的王牌。尤其是海战当中，它能轻而易举地将敌人的船只烧毁。

罗马帝国自西罗马帝国灭亡后，帝国东部罗马政权的延续被称之为东罗马帝国，也有人称为拜占廷帝国。东罗马帝国位于欧洲东部，领土曾包括欧亚非三大洲的亚洲西部和非洲北部，是古代和中世纪欧洲历史最悠久的君主制国家。

希腊火的特点

什么是希腊火？

1. 由拜占庭帝国（东罗马帝国）发明秘密武器
2. 在奥斯曼帝国入侵的战争中多次挽救了拜占庭
3. 制造方法极为保密，因为拜占庭帝国的灭亡已经失传
4. 即使浇水也无法扑灭

描绘希腊火的图画

No.085 狼烟在古代战场的作用

在古代战场，迅捷而确实的通信甚至能决定战争的胜负。虽然通信并不能直接杀伤敌人，但却是先发制敌的关键。

古代战场的通信手段

在古代战场上，决定战争胜负的不仅仅是军队数量和兵器的良莠，能够迅速传递信息也是至关重要的一环。

自从骑兵得到普及以后，快马就是传递信息的主要工具。然而在更远距离传递信息的时候，即便是骑兵快马也要花上数天时间，如果被敌人抓去，还有可能泄露情报。为了解决这些问题，人们就想出了狼烟这种方式。这是一种透过燃烧一些能够产生大量烟雾的物质，利用烟雾来传递讯息。

在古希腊，狼烟和水钟的组合是最常见的通信方式。在每一信号中会设置相同尺寸的水钟，并在看到狼烟升起的同时放出水钟里的水，等到下一道狼烟升起再将水钟的塞子塞回去，只要把此时的水位与记号表相互对战，就能查出传送的是什么情报。

但是使用这种方法，在传送一些信息的时候需要发送上百种的信号，很容易出错，而骑兵快马则能相对保证信息的确实性。

狼烟在我国古代也经常使用，早在西周就曾出现“烽火戏诸侯”这一闹剧。长城修建以后，每隔一段都会设置烽火台，烽火台上设有发烟的材料和器具，此外还有一种传递信号的布蓬。烽火台之间通过烟雾信号的传递，军情很快就能送到京城，保证信息的时效。通过这一措施，中央政府能够对敌情做出及时应对，防止因为准备不足而陷入劣势。

西周末年，周幽王为博褒妃一笑，不顾众臣反对，竟数次无故点燃边关告急用的烽火台，使各路诸侯，长途跋涉，匆忙赶去救驾，结果被戏而回，懊恼不已。幽王从此便失信于诸侯，最后，后来犬戎攻破镐京，他点燃烽火却再也没人赶来救他。周幽王就此身死，西周灭亡。

狼烟的优缺点

优点	缺点
● 可以将情报传递给远方 ● 速度比马匹更快 ● 泄露情报的可能性较低	● 复杂的情报容易出现误判的情况 ● 负责查看信号的人一旦疏忽就会酿成大祸

中国古代的烽火台

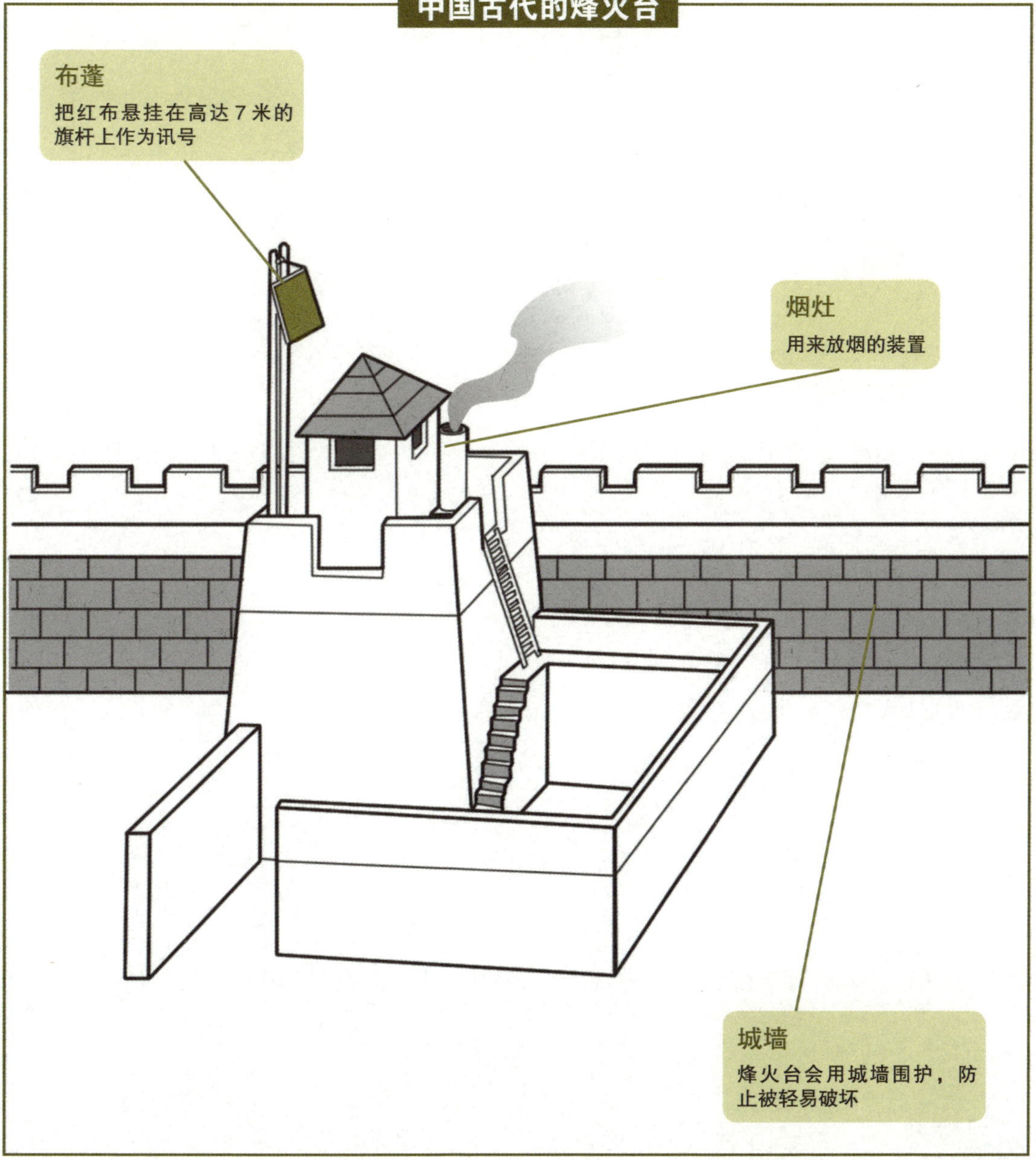